HORI
SCRIBE ET DÉTECTIVE

Les chats sacrés de Bubastis

BÉATRICE ÉGÉMAR

HORI
SCRIBE ET DÉTECTIVE

Les chats sacrés de Bubastis

FLEURUS

« C'est Bastet qui protège les Deux Pays,
celui qui l'adore est protégé par son bras. »

SAGESSE ÉGYPTIENNE

CHAPITRE I

Miou[1] regarda d'un œil blasé les magnifiques murs de granit rouge qui délimitaient le temple de Bastet. Depuis le temps qu'elle vivait là, ces immenses bâtiments lui étaient familiers. Le site était pourtant étonnant. Le grand temple dédié à la déesse chatte était construit sur une sorte de presqu'île entourée de deux canaux, en plein centre de la ville de Bubastis. Miou s'aventura prudemment dans les jardins déserts qui embellissaient le domaine. Le soleil matinal commençait à peine à réchauffer le sable finement ratissé des allées. Elle s'assit sur un

1 En égyptien, Miou signifie chat.

banc de pierre tiédi par les premiers rayons et ferma les yeux, offrant son visage à la lumière. Miou se sentait bien. À cette heure, on n'entendait que le pépiement des oiseaux.

Un crissement sur le gravier alerta ses sens aiguisés : un homme s'approchait, un prêtre corpulent à l'air bienveillant. Pashed ! Miou sauta à terre pendant qu'il la saluait en s'inclinant respectueusement, les deux mains levées.

– Que l'esprit de Bastet demeure en toi !

Pashed leva les yeux et, comme chaque jour, admira la grâce de la ravissante créature. Miou était une jeune chatte de deux ans, aux yeux dorés, au pelage tigré et aux longues pattes délicates. Elle portait une boucle d'or pur à l'oreille gauche.

Le gardien des chats eut un sourire affectueux.

– Veux-tu me suivre, Miou, c'est l'heure de ton déjeuner.

Le prêtre et la chatte se dirigèrent vers l'entrée du temple. Une jeune fille était là, debout, frêle silhouette perdue devant une monumentale statue de Pharaon. Pashed était presque sûr de ne l'avoir jamais vue.

– Que fais-tu ici, mon enfant ? Tu travailles pour le temple ?

L'adolescente se retourna, surprise, et salua le prêtre. Elle avait de beaux yeux verts et paraissait âgée de douze ou treize ans.

– Je m'appelle Tamit, dit-elle. Je suis arrivée ici hier soir avec d'autres filles, c'est la prêtresse Néférou qui nous a emmenées avec elle. Je suis danseuse et je viens de Thèbes.

Le prêtre sourit :

– Tamit... C'est bien, tu as un nom de chat[1]. Tu devrais te plaire à Bubastis !

L'adolescente aperçut Miou et poussa un cri d'admiration.

– Qu'elle est belle ! s'exclama-t-elle en tendant la main vers la chatte.

– Non ! cria Pashed en lui saisissant le poignet. Tu ne peux pas la toucher !

1 En égyptien, Tamit signifie chaton.

Tamit regarda Pashed, abasourdie.

– Pourquoi ? Je ne veux pas lui faire de mal.

– Miou est un animal sacré, l'esprit de la déesse Bastet l'habite. Viens, tu vas comprendre…

Le prêtre conduisit la jeune fille devant le temple. Un grand pylône[1] en indiquait l'entrée ; Pashed montra à Tamit les peintures qui le décoraient : une déesse y était représentée, sous forme d'une femme à tête de félin.

– Vois : c'est l'image de la déesse !

– Elle a une tête de chat ! s'écria la danseuse.

– De chatte ou de lionne, rectifia le prêtre. Bastet a deux visages : c'est une déesse lionne, comme Sekhmet la redoutable, mais c'est aussi une chatte qui protège ses petits. Ici, à Bubastis, nous la vénérons surtout sous

1 Entrée monumentale d'un temple, composée de deux tours creuses en forme de trapèze.

cette dernière apparence. Quant à Miou... C'est une histoire étrange, je te la raconterai un jour, peut-être. Tu dois savoir que Bastet l'a choisie, comme elle a choisi sa mère avant elle. Miou est sacrée à nos yeux. Il ne faut pas la traiter comme un chat ordinaire !

Tamit baissa la tête, honteuse.

– Je suis désolée, pardonne-moi. J'adore les chats et je voulais juste la caresser. Je n'ai jamais vu d'animal sacré. Je ne sais pas comment réparer ma faute. Faut-il la saluer ?

Pashed s'approcha de l'adolescente et la prit par le bras.

– Incline-toi devant elle, comme ça. C'est bien ! Ne t'inquiète pas, ta faute n'était pas volontaire. Tu as beaucoup à apprendre sur nos coutumes. As-tu un moment avant d'aller travailler ?

Tamit hocha la tête.

– Oui, les cours de danse ne commencent pas tout de suite. C'est pour cela que je suis ici, je me promenais dans les jardins...

– Viens avec moi, proposa Pashed, je vais

donner à manger à Miou, puis nous irons nourrir les autres chats du temple.

– Ce sont aussi des animaux sacrés ?

– Non, mais le temple héberge beaucoup de chats en l'honneur de Bastet, des dizaines de chats ! Ceux-là, tu pourras les caresser tant que tu veux. Mais d'abord, occupons-nous de Miou : des serviteurs ont déjà apporté son repas dans la maison des Chats.

Pashed contourna le temple et se dirigea vers une rangée de bâtiments construits autour de l'enceinte sacrée. Il montra à Tamit une maison aux murs ornés de hiéroglyphes et de sculptures.

– C'est là.

En habituée des lieux, la jolie chatte était entrée, la queue dressée, impatiente de savourer son repas matinal. Tamit resta sur le seuil, intimidée, contemplant les superbes inscriptions, et n'en comprenant pas le sens.

Bien loin de là, sur les bords de la Grande Verte[1], se déroulait une étrange rencontre. Des pirates avaient jeté l'ancre dans une petite crique isolée. Ils venaient des terres au-delà de la mer, et les richesses de l'Égypte attisaient leur convoitise. Ils étaient équipés pour le combat : leur tête était protégée par un casque à cornes, leur poitrine par une sorte de baudrier[2] de cuir, et presque tous avaient une épée. Mais cette fois-ci, pas question de se battre : les hommes s'impatientaient, tandis que leur chef discutait sur la plage avec un étranger.

Les pirates observaient l'inconnu avec curiosité : il était grand, mince, et, malgré la chaleur, il se drapait dans un grand manteau sombre. Même de loin, on devinait que c'était un homme autoritaire, et il devait être sûr de lui pour venir ainsi à la rencontre des pirates qui terrorisaient les côtes.

---

1 La mer Méditerranée.
2 Large bande de cuir portée en bandoulière.

Le chef des pirates s'approcha de l'inconnu.

– Le travail est fait, nous avons attaqué par surprise et nous les avons emmenées toutes les deux. Elles sont sous bonne garde, cachées dans la maison que tu m'avais indiquée. As-tu l'or que tu m'avais promis ?

L'homme sombre lui tendit un sac de cuir.

– C'est bien ! Tu as rempli ta mission, voici ton or.

Le pirate fit un grand sourire dévoilant ses dents gâtées.

– C'est toujours un plaisir de traiter avec toi, l'ami ! S'enrichir sans avoir besoin de se battre, ça me plaît et ça repose un peu mes hommes. N'oublie pas de faire appel à moi, si tu en as encore besoin !

Vif comme un fauve, il tourna les talons et se dirigea vers son bateau. De son côté, l'homme sombre souriait : voilà une affaire rondement menée. Ces pirates étaient sans scrupules, mais ils faisaient ce qu'il leur demandait et sans poser de questions. Avec de l'or, on pouvait tout obtenir, ou presque. Et de l'or, l'inconnu savait comment s'en procurer…

Un mois plus tard…

Hori écarquillait les yeux. Debout sur le pont du bateau, il ne pouvait détacher son regard des pyramides. Dans un paysage désertique, les géants de pierre, d'un blanc étincelant sous le soleil de midi, imposaient leur forme parfaite.

– C'est gigantesque… murmura-t-il.

Un garçon s'approcha de lui, un petit singe perché sur l'épaule. Il était plus grand qu'Hori, et ses cheveux noirs et bouclés étaient décoiffés par le vent qui soufflait sur le Nil. De toute évidence, il n'avait pas l'air impressionné par les prestigieux monuments.

– Hori ! Arrête de rêver et viens manger !

– Manger ? Alors que je peux admirer les pyramides ? Tu es incroyable, Ahmosé !

– Bah, il faut bien se nourrir ! Puis j'ai déjà vu les pyramides quand je suis allé à Pi-Ramsès pour la première fois.

– Je m'en souviens. Mais moi, je n'ai jamais fait un voyage pareil : descendre le Nil de Thèbes[1] à Pi-Ramsès[2], c'est merveilleux, et j'ai envie d'en profiter !

– Je comprends… Écoute, j'ai une idée : je vais chercher quelques galettes et un bol de dattes, nous pourrons manger ici et contempler le paysage en discutant.

– D'accord ! Et n'oublie pas de donner quelque chose à grignoter à Didi…

– Même si je l'oubliais, soupira Ahmosé, il saurait bien se servir tout seul !

Didi était un singe vert offert à Ahmosé par ses parents, riches notables thébains. De caractère espiègle et indépendant, il était d'une gourmandise insatiable. Quoi qu'il en

1 Ville du sud de l'Égypte qui fut longtemps sa capitale et joua un rôle religieux très important. C'est à Thèbes que se trouvent les temples de Karnak et Louxor.
2 Capitale de l'Égypte depuis Ramsès II, située dans le delta du Nil.

dise, le garçon l'aimait beaucoup, surtout depuis que le flair de l'animal lui avait permis d'échapper à la piqûre d'un scorpion.

Les deux apprentis scribes se rendaient à Pi-Ramsès sur convocation de leur supérieur et protecteur, Ani. Quelle mission le secrétaire du vizir allait-il leur confier ? Ils l'ignoraient encore, mais ils se réjouissaient de vivre de nouvelles aventures et de découvrir la capitale, même s'ils pensaient, avec un pincement au cœur, à leurs familles laissées dans le Sud. Ils ne les reverraient pas pendant des semaines…

Le bateau avait pris de la vitesse et les pyramides étaient loin maintenant.

Hori s'assit par terre, piocha dans le bol de nourriture apporté par Ahmosé et lança une datte à Didi. L'animal l'attrapa au vol avec un cri de plaisir. Il serra le fruit dans ses petites pattes noires, le tourna et retourna dans tous les sens avant de le croquer.

– Hori…

– Oui ?

– À ton avis, pourquoi Ani nous a-t-il demandé de venir à Pi-Ramsès ?

– Je n'en ai aucune idée ! Un peu de patience, dans deux jours, nous serons là-bas et nous découvrirons notre nouveau travail.

Ahmosé regarda son ami d'un œil soupçonneux. Le fin visage d'Hori respirait le calme et la sérénité. Un calme anormal, compte tenu du caractère impétueux du jeune garçon. Il lui donna une bourrade.

– Un peu de patience ? C'est toi qui dis ça ? Avoue que tu te moques de moi !

Hori éclata de rire :

– J'avoue tout ! Je suis comme toi, je piaffe d'impatience et je donnerais très cher pour savoir ce qui nous attend. J'espère que ce sera un travail intéressant. Et j'aimerais avoir l'occasion de revoir Tamit ! Après tout, elle est à Bubastis, et ce n'est pas très loin de Pi-Ramsès.

– Tamit… murmura Ahmosé. Elle me manque aussi ! Et Didi, son petit chouchou, serait ravi de la retrouver…

CHAPITRE II

À Bubastis, Tamit se sentait bien seule.

La vie était étrange ! Il y a un an à peine, elle aurait sauté de joie si on lui avait dit qu'elle entrerait à l'école de danse du harem royal de Thèbes. Or, elle avait été admise, puis elle avait été sélectionnée pour participer à la grande fête de la déesse Bastet et pour apprendre son art à Bubastis avec les meilleurs professeurs. Malgré tout, elle était triste, sans entrain. Sans doute parce que Hori et Ahmosé étaient si loin…

La jeune fille rejeta en arrière les longs cheveux noirs qui lui caressaient les joues. Hori, l'intrépide, et Ahmosé, le fils de famille au grand cœur… Comme ils lui manquaient !

D'habitude ils se voyaient tous les soirs, ils se racontaient leurs aventures. Ils se disputaient parfois, bien sûr, mais quel vide les deux garçons avaient laissé derrière eux ! Et Didi… Le petit singe adorait l'adolescente qui avait un talent particulier pour se faire aimer des animaux. Elle se rappelait comme il lui fourrait sa tête dans le cou quand il voulait se faire câliner.

Tamit leva les yeux : le soleil était haut, c'était l'heure de travailler, il fallait arrêter de ressasser ces pensées tristes. Machinalement, elle passa le doigt sur l'amulette qui pendait à son cou, un scarabée de faïence bleu qu'elle ne quittait jamais. Heureusement, quand elle dansait, elle oubliait tout. La danse était sa passion depuis toujours. Puis il y avait le prêtre Pashed, il était si bon avec elle ! Quand elle avait un peu de temps libre, elle le retrouvait et l'aidait à s'occuper des chats. Les habitants de Bubastis se rendaient régulièrement au temple pour offrir des poissons à Miou et aux autres chats qui habitaient le domaine de la déesse. Cette ville et ses coutumes étaient décidément étranges et étonnantes...

La jeune fille secoua la tête, comme pour dissiper sa mélancolie : de toute façon, elle reviendrait à Thèbes, elle n'était dans le Nord que pour quelques mois ! La prêtresse Néférou le lui avait bien dit : elle avait juste besoin de quelques danseuses supplémentaires pour préparer la fête de Bastet. Ensuite, elle repartirait dans le Sud avec ses camarades, et elle reverrait Hori, Ahmosé et sa mère Mérit. L'adolescente se ressaisit et s'approcha des bâtiments réservés aux musiciens et aux danseuses. De l'intérieur, une fille l'aperçut et la héla avec un grand sourire.

– Tamit ! Entre vite, nous avons déjà commencé à nous échauffer !

Deux jours plus tard, le bateau qui transportait Hori et Ahmosé accostait à Pi-Ramsès.

Hori fut impressionné par la quantité de bateaux amarrés aux quais. Les garçons descendirent à terre, serrant contre eux leurs bagages. Didi, perché sur l'épaule de son maître, s'accrochait à ses boucles brunes, affolé par la cohue. Un homme vêtu de lin fin écarta les marins et les badauds et s'approcha des deux apprentis.

– Êtes-vous Hori et Ahmosé ? Le secrétaire du vizir[1], Ani, m'a chargé de vous conduire au palais. Suivez-moi…

Les deux apprentis, marchant d'un bon pas, suivirent le fonctionnaire. Ils croisèrent de nombreux soldats et étrangers. Certains portaient à l'épaule une marque au fer rouge au nom de Pharaon : c'étaient des prisonniers de guerre, souvent enrôlés à leur tour dans l'armée égyptienne ou donnés comme serviteurs à un temple. Enfin, ils arrivèrent devant le palais ; les immenses bâtiments rectangulaires entourés d'un mur d'enceinte

1 Premier ministre en Égypte ancienne.

étaient impressionnants. Hori remarqua que tout près du palais se trouvait une caserne: l'armée semblait omniprésente ici.

L'envoyé d'Ani fit entrer les jeunes scribes. À l'intérieur du domaine, les portes et les fenêtres étaient décorées des carreaux de faïence bleu turquoise qui faisaient la renommée de la ville. Le petit groupe s'éloigna des vastes édifices d'apparat, dans lesquels Pharaon recevait ses visiteurs, contourna le quartier réservé aux logements royaux et, après avoir traversé plusieurs cours plantées de palmiers et de sycomores[1], s'arrêta devant un corps de bâtiment d'aspect très sobre.

– Voici les bureaux du vizir: mon maître Ani vous y attend.

L'homme les précéda dans une pièce carrée simplement peinte en blanc et dépourvue de toute décoration. Ani était là, assis sur un siège de bois, un rouleau de papyrus dans les mains.

1 Arbres de la famille du figuier.

– Maître, voici les deux garçons…

– Ah !

Ani se leva et sourit, coupant court aux salutations que lui adressaient les apprentis. Le secrétaire du vizir était un homme impressionnant malgré sa petite taille ; ses grands yeux verts pétillaient d'intelligence et sa vivacité d'esprit était redoutable. Dès qu'il l'avait vu, Didi s'était laissé glisser au sol et s'était sagement assis dans un coin de la pièce, décidé à se faire oublier.

– J'espère que votre voyage s'est bien passé. Je vous ai fait appeler parce que j'ai un travail à vous confier. Mais avant de vous donner des détails, je crois nécessaire de vous expliquer certaines choses. Approchez-vous !

Ani prit un rouleau de papyrus, l'étala sur le sol et trempa un calame[1] dans un godet d'encre noire. Il traça les contours sommaires d'une carte.

1 Baguette de jonc taillée à une extrémité et utilisée pour écrire.

– Voici le fleuve Nil. Votre ville de Thèbes se situe ici…

Le pinceau d'Ani suivit le cours du fleuve jusqu'au nord où il se divisait en trois branches.

– … et voici le delta. Le Nil se sépare en trois bras : le « fleuve de l'ouest », le « grand fleuve », et « l'eau de Rê », la branche de l'est, où se trouve Pi-Ramsès. Nous sommes donc ici, ajouta-t-il en posant l'index sur le plan. Plus à l'est, voici nos colonies, et au-delà vivent les peuples d'Asie. Nous sommes en paix avec eux depuis le traité établi par Ramsès le Grand[1], mais nous nous montrons vigilants : Pharaon a fait bâtir des forts où les soldats s'assurent en permanence qu'aucune menace ne trouble nos frontières. Quant à l'ouest du delta, c'est le pays des Libyens… Depuis toujours ce peuple tente de s'emparer des biens de l'Égypte. Pharaon a livré contre lui une grande bataille et l'a vaincu,

1 Le pharaon Ramsès II.

mais combien de temps se tiendra-t-il tranquille ? Enfin, au nord du delta s'étend la Grande Verte, c'est pourquoi vous verrez de nombreux navires de commerce dans le port, nous vendons nos produits à des marchands venus du monde entier. Malheureusement, nous avons régulièrement affaire à des attaques de pirates... Originaires des îles, ils sont bien armés et ils s'en prennent aux villes de la côte : ils pillent nos temples, détruisent nos champs et ils enlèvent femmes et enfants.

Ani leva les yeux. Hori et Ahmosé étaient suspendus à ses lèvres.

– Je vous ai dit tout cela pour vous montrer que le delta est un endroit vital et menacé. Son équilibre et sa sécurité sont indispensables à la paix de l'Égypte. J'en viens au travail que je veux vous confier. Pharaon a décidé de faire une grande inspection de ses temples. Il souhaite les restaurer si c'est nécessaire, car beaucoup d'édifices ont été laissés à l'abandon ces derniers temps. Il veut également vérifier leur comptabilité, l'état de leur mobilier, et s'assurer que les prêtres disposent des ressources suffisantes pour célébrer le culte des dieux.

Le secrétaire du vizir se tut. Ébahi, Hori regarda Ahmosé à la dérobée : son ami était aussi abasourdi que lui. En quoi pouvaient-ils être concernés par cette décision, et quel rapport avait une inspection des temples avec la longue tirade qu'ils venaient d'entendre ?

Ani s'assit sur le fauteuil et tapota nerveusement les accoudoirs.

– Le vizir a nommé le scribe Penpato pour mener à bien cette mission. C'est un haut fonctionnaire, chef des archivistes du Trésor royal. Je souhaite que vous l'accompagniez dans sa tournée d'inspection. Je sais évidemment que vous n'avez pas exactement la formation requise, mais j'ai pu apprécier votre débrouillardise et votre fidélité à Pharaon. Vous vous rappelez tout comme moi les actes infâmes commis par un prêtre de la région...

Leur protecteur cherchait ses mots, et les garçons, gênés, baissèrent les yeux. Un vaste complot avait été déjoué quelques mois auparavant, visant à faire mourir Pharaon et son fils aîné, et un grand prêtre de Sekhmet à Bubastis faisait partie des conjurés[1]. Mais leurs crimes étaient tellement odieux qu'il était interdit de prononcer leur nom !

– Nous avons des raisons de craindre que certaines personnes, dans les temples du delta, n'aient oublié leurs devoirs les plus sacrés. Penpato est un haut fonctionnaire dont la famille sert Pharaon depuis plusieurs générations, et je lui fais entièrement confiance pour vérifier les comptes des temples. Mais vous…

– Oui ? s'enhardit Hori. Qu'attends-tu exactement de nous ?

Ani sourit :

– J'attends que vous mettiez votre nez et vos oreilles un peu partout, comme vous savez si bien le faire !

Hori eut du mal à cacher sa satisfaction.

1 Voir dans la même collection, *La conspiration du harem*.

Cette mission était tout à fait à son goût. Ani poursuivit :

– J'ai chargé le policier Tod de vous escorter et d'assurer votre sécurité, vous le connaissez déjà. Il est au courant des instructions que je suis en train de vous donner. Dès demain, vous serez présentés à Penpato, et vous commencerez l'inspection. Vous vous rendrez d'abord à Bubastis…

– Formidable ! s'écria Hori dans un élan d'enthousiasme. Peut-être pourrons-nous voir Tamit ?

Ani le regarda, stupéfait.

– Tamit ? La jeune fille qui avait découvert une amulette volée ? Je croyais qu'elle étudiait la danse à Thèbes, à l'école du harem !

– C'est vrai, mais il y a deux mois, une prêtresse de Bastet est venue et elle a demandé à voir les élèves. Elle cherchait des danseuses pour les emmener avec elle à Bubastis, et Tamit a été choisie avec quelques autres.

– Une prêtresse de Bastet ? C'est certainement Néférou, elle s'occupe des danseuses du temple. C'est une bonne chose que votre amie soit là-bas, sa présence pourra vous être utile. À présent, allez donc vous reposer !

Ani frappa dans ses mains et une servante apparut.

– Conduis ces jeunes gens dans les appartements qui leur sont réservés.

Quelques minutes plus tard, Hori et Ahmosé s'installaient dans les deux pièces préparées à leur attention : ils disposaient d'une chambre où ils posèrent leurs bagages et d'une autre pièce bien éclairée ; une cruche de bière[1] légère, des gâteaux et des fruits étaient posés en évidence sur un guéridon. Dès que la servante fut sortie, les garçons se regardèrent et Ahmosé se mit à rire.

1 Boisson nationale des Égyptiens. La bière était si légère que même les enfants en buvaient.

– Ouf ! Un peu de calme. Cet homme est une véritable tornade !

– Il a une énergie extraordinaire, approuva Hori. Alors, que penses-tu de notre mission ?

Ahmosé fit la moue :

– Je ne sais pas trop ! Travailler dans un temple, ça peut être intéressant…

– Intéressant ! s'exclama Hori. Moi, je trouve ça fantastique ! On va retrouver Tamit et voir de près les statues, les objets sacrés. J'ai toujours rêvé de visiter Bubastis, la cité des chats ! Il paraît qu'il y a même un chat sacré, tu savais ça ?

Ahmosé, amusé par l'enthousiasme de son ami, croqua une galette au miel.

– Tu devrais manger, toi aussi. Nous avons intérêt à prendre des forces en prévision de ce qui nous attend demain…

CHAPITRE III

– Ainsi, vous êtes les deux garçons chargés de m'aider dans ma mission. Vous me semblez terriblement jeunes...

Penpato, perplexe, se gratta le menton. Hori et Ahmosé, après une bonne nuit de sommeil, avaient été convoqués pour faire la connaissance de leur nouveau supérieur. L'homme avait un physique remarquable : il était très grand, avec un solide embonpoint, une large bouche et de petits yeux noirs. Sa belle voix grave résonnait dans la salle de travail d'Ani.

– Enfin... ajouta le fonctionnaire après quelques secondes de silence, je suppose que mon ami Ani a ses raisons pour vous avoir choisis. Vous avez apporté avec vous votre matériel de scribe, je suppose ?

– Bien sûr ! répondirent les apprentis en posant devant eux leurs coffrets.

Penpato s'approcha, l'air dubitatif.

– Voyons ça… Joli travail ! dit-il en suivant du doigt les tiges de papyrus sculptées sur le coffre d'Hori.

– C'est l'œuvre de mon père.

Penpato haussa les sourcils, surpris :

– Ton père est artisan ? Il doit être fier de ta réussite, mon garçon. J'espère que tu ne le décevras pas. Montre-moi ton coffret toi aussi, jeune homme, poursuivit Penpato en s'approchant d'Ahmosé. Hé ! Quelle est cette bête ?

Didi, qui avait vu le digne personnage fouiller dans le coffret d'Hori, avait décidé d'en faire autant. Sautant à côté de Penpato, il s'était emparé d'un gratte-papyrus de bois et le brandissait fièrement au-dessus de sa tête.

– Mais c'est un singe ! s'écria Penpato, sidéré.

– Il est à moi, bredouilla Ahmosé. Ne t'inquiète pas, je sais m'en occuper, il ne te gênera pas.

– Je l'espère ! C'est la première fois que l'un de mes apprentis emmène un animal sur son lieu de travail ! Bien, j'en ai assez vu pour l'instant. Rangez vos coffrets et préparez vos bagages : dans une heure, nous partirons pour notre première inspection. Ani a insisté pour que nous commencions par Bubastis et nous avons une journée de route à faire.

Penpato tourna les talons, vivante image de la dignité offensée.

À l'heure prévue, un serviteur de Penpato vint chercher les adolescents et les conduisit sur les quais. Un navire de fonction les y attendait, un superbe vaisseau de bois d'acacia à la proue sculptée en forme de lotus. Une dizaine de matelots y étaient installés, prêts à appareiller. Hori et Ahmosé eurent tout le loisir d'en visiter les moindres recoins : Penpato n'était pas encore arrivé. Les garçons posèrent leurs affaires sur le pont ; l'unique cabine du bateau devait être destinée à leur supérieur. Quant au serviteur, il commença à s'affairer et à déballer les nombreux bagages de son maître. Didi, qui détestait voyager sur l'eau, boudait dans un coin.

– Tiens ! Je connais ce petit singe... dit une voix moqueuse.

– Tod ! s'écria Hori.

Le policier *medjay*[1] sauta sur le bateau et donna une accolade aux deux amis. C'était un Noir dans la force de l'âge. Sans être grand, il était musclé et rompu aux exercices physiques. Pieds nus, il portait un simple pagne, retenu par une ceinture aux couleurs vives, et son arme favorite, un long fouet, s'enroulait autour de son épaule.

Tod avait fait la connaissance d'Hori et

1 Venus de Nubie (Soudan actuel), ces hommes étaient des soldats et des policiers très appréciés parmi les unités d'élite du royaume d'Égypte.

Ahmosé quand ceux-ci avaient découvert un trafic de bijoux volés[1]. Le policier, qui avait toute la confiance d'Ani, appréciait les garçons.

– Comment allez-vous, tous les deux ? Vous voici bien loin de Thèbes !

– Ani nous a fait appeler… commença Ahmosé.

Le Nubien l'interrompit en levant la main d'un geste autoritaire.

– Je sais tout cela. Venez, nous avons sûrement le temps de faire quelques pas sur les quais.

Une fois à terre, Tod expliqua à mi-voix :

– Je suis au courant de votre mission, mais soyez discrets : le domestique de Penpato était juste derrière nous, et les marins, qui s'affairaient à la manœuvre, pouvaient aussi vous entendre !

– Je suis désolé… fit Ahmosé.

– Tod, sais-tu que Tamit est à Bubastis ? demanda Hori.

---

1 Voir dans la même collection, *Le scarabée du cœur.*

Il expliqua au *medjay* que leur amie se trouvait dans le delta depuis plus de deux mois.

– Elle va être contente de vous revoir, dit le policier.

– Et de câliner Didi ! sourit Hori. Quand serons-nous à Bubastis ?

– Ce soir, à la nuit tombée. Ah, voici votre supérieur qui arrive, fit Tod en désignant une chaise à porteurs qui se dirigeait vers le quai.

Penpato fit une arrivée très remarquée, sortant lentement de sa chaise, défroissant les plis de son pagne avant de franchir la passerelle pour atteindre le pont du bateau où l'attendait, respectueusement incliné, son serviteur. Hori ne put s'empêcher de sourire devant ce cérémonial. Tod, qui voyait tout, lui chuchota à l'oreille :

– Il a raison de faire cela, Hori ! C'est un personnage officiel, il représente Pharaon et il doit être respecté comme tel…

Hori se passa la main dans les cheveux, perplexe. Penpato avait peut-être raison, mais l'instinct du jeune scribe lui disait que travailler avec un homme aussi soucieux des convenances allait être délicat.

Le scribe Penpato avait bien dormi. Levé à l'aube, il s'était fait préparer un solide petit déjeuner : il avait déjà vidé une cruche de lait tiède et il était temps de passer à des nourritures plus consistantes. Le haut fonctionnaire regarda d'un air de connaisseur le guéridon chargé de victuailles qu'une servante avait disposé près de lui : des pains au miel, des figues sèches, des galettes roulées, de fines tranches d'oie grillée fumante... C'était parfait, son hôte pratiquait une hospitalité sans faille.

Arrivé à Bubastis la veille au soir dans son navire de fonction, Penpato s'était installé, avec son serviteur, le Nubien Tod et les deux apprentis, dans la belle demeure de Kès, un riche notable de la ville qui était aussi son cousin. Le fonctionnaire prit un petit pain, le recouvrit d'une tranche d'oie grillée et le croqua. Délicieux! Tout en mangeant, il admirait les lieux: Kès avait un goût très sûr, les fresques qui décoraient cette salle en étaient la preuve. Penpato s'approcha de la fenêtre; du premier étage, on avait une vue plongeante sur le domaine de Bastet: le temple et ses dépendances, entourés de canaux, se trouvaient au centre de la cité, un peu en contrebas par rapport aux quartiers résidentiels.

Penpato poussa un soupir de bien-être et se lava les mains dans la cuvette posée sur le guéridon. Il frappa dans ses mains et son serviteur, qui attendait ses ordres près de la porte, apparut.

– Va me chercher les garçons et le policier. Nous partons tout de suite au temple de Bastet!

CHAPITRE IV

Dans le logement des prêtres du temple de Bastet, le grand prêtre Mérybastet[1] se préparait pour l'office du matin. Le soleil se levait, c'était l'heure ! Le vieil homme se hâtait ; il avait consacré toute sa vie à la déesse, comme son père et le père de son père, et, chaque matin, l'émotion l'étreignait, l'impatience d'accomplir les gestes sacrés. Mérybastet avait une très haute idée de sa fonction : il savait qu'il célébrait le culte au nom de Pharaon, et que ce rituel était indispensable pour maintenir l'esprit de la déesse dans le temple. Il était essentiel d'adorer Bastet, de la

1 Ce nom signifie aimé de Bastet.

nourrir, la vêtir, lui offrir nourriture, parfums et onguents[1], sinon elle se détournerait de Bubastis. Et sans les dieux, que serait la terre d'Égypte ? Le vieillard ne voulait même pas l'imaginer.

D'une main que son âge rendait tremblante, il ajusta sa robe de lin blanc, enfila ses sandales et sortit. La brume matinale se dissipait à peine. Au bord du lac sacré, un ibis rose, perché sur ses pattes grêles, fouillait la vase de son bec. Mérybastet rejoignit un groupe de prêtres qui l'attendait respectueusement ; le gardien des chats Pashed était parmi eux. Ensemble ils allèrent se purifier dans le lac sacré. La fraîcheur de l'eau sembla délicieuse au vieil homme. Quand ils eurent terminé, ils se rendirent vers l'entrée du temple ; une procession de serviteurs les rejoignit, portant les offrandes destinées à Bastet. Certains tenaient des plateaux débor-

1 Crèmes parfumées destinées à soigner la peau. Les onguents servaient également d'offrandes pour les dieux.

dant de fleurs et de fruits, d'autres portaient, en équilibre sur leur tête, des paniers pleins de viandes, de pains et de gâteaux. Puis venaient des hommes chargés de cruches de bière et de vin.

Le cortège, Mérybastet en tête, pénétra dans l'édifice sacré en franchissant le grand pylône. Un chanteur se mit à réciter une prière. Ils traversèrent la première cour, à ciel ouvert, puis la grande salle à colonnes. Enfin ils arrivèrent dans la salle des offrandes ; les serviteurs posèrent leurs plateaux et leurs paniers de victuailles sur des autels. L'un d'eux alluma de l'encens pour consacrer les offrandes à la déesse, puis ils sortirent, laissant les prêtres célébrer la partie la plus sacrée du rituel.

Quelques rayons de soleil, passant par de petites fenêtres ménagées au ras du plafond, éclairaient la scène. Au fond de la pièce se trouvait le sanctuaire, fermé par une porte scellée : seuls le grand prêtre et Pharaon – prêtre entre tous – avaient le droit d'y accéder. Solennellement, Mérybastet monta les quelques marches qui menaient au lieu saint, et ôta le cachet d'argile qui, depuis la veille, en condamnait l'entrée. Il poussa le verrou et écarta les battants de la porte pendant qu'un chanteur entonnait un hymne à Bastet :

Éveille-toi, grande déesse de Bubastis, éveille-toi !

Tes yeux répandent la flamme, ton regard illumine la nuit…

Le vieil homme entra dans le Saint des Saints[1]. Tout y était obscur ; les yeux fatigués du prêtre distinguèrent les contours de la chapelle de granit qui occupait le centre de la pièce, le *naos*. C'est là qu'était Bastet ! Le grand prêtre alluma une lampe et s'avança. Des ombres dansantes se projetaient sur les murs, peints de scènes colorées. Il brisa le dernier sceau, ouvrit les portes de la chapelle, et la déesse apparut. C'était une statue

1 Le sanctuaire, la pièce où se trouve la statue du dieu ou de la déesse.

de bronze, représentant une chatte assise ; ses yeux de cristal et d'or, et les bijoux dont elle était couverte, brillaient dans la pénombre. Le prêtre s'approcha de la statue et posa les mains sur elle. Les paupières closes, il récita la prière qui demandait à la déesse de venir, un jour encore, prendre possession de la statue et demeurer dans le temple.

Pendant ce temps, devant le grand pylône, une jeune femme attendait et s'impatientait. Mince et gracieuse, elle avait un visage triangulaire aux yeux en amande. Elle était vêtue de la tenue blanche des prêtresses, et portait sur l'épaule gauche un tatouage figurant une silhouette de chat. Quand Mérybastet sortit du lieu saint, il se dirigea vers elle et lui prit les mains d'un geste affectueux.

– Ma fille, Néférou… Pourquoi n'étais-tu pas avec nous pour célébrer le culte du matin ? fit le vieillard, peiné.

Néférou ne répondit pas. Elle passa un bras sous celui de son père et se pencha vers lui :

– Père, je dois te parler, c'est très urgent.

Tous deux firent quelques pas en discutant à voix basse. Mérybastet sursauta.

– Que me dis-tu là ? Un inspecteur est dans le temple, et il commence sa mission aujourd'hui ? Mais, ma fille, nous avions tant de choses à faire ! Je voulais que tu m'aides à déchiffrer ce vieux rouleau de la maison de Vie[1]. Ma vue n'est plus aussi bonne qu'avant, tu le sais. Nous devions aussi rencontrer l'intendant du domaine à propos des offrandes... Il va falloir tout annuler !

Néférou tenta d'apaiser le vieil homme :

– Ne t'inquiète pas, père ! Nous nous occuperons de tout cela dès que l'inspection sera terminée.

1 Rattachée au temple, la maison de Vie servait d'école, mais aussi de bibliothèque, de lieu de recherche et d'étude.

– Bien sûr, mais cela va prendre du temps, une semaine au moins ! C'est contrariant, Néférou, vraiment… Très, très contrariant.

– Oui, père. Mais nous n'y pouvons rien ! Viens, allons voir cet inspecteur…

La jeune femme étouffa un soupir. Elle faisait son possible pour épargner à son père les tracas inutiles, mais elle ne pouvait pas lui cacher qu'un envoyé du vizir venait, sur ordre de Pharaon, procéder à l'inspection du temple. Oui, comme le disait Mérybastet, c'était très contrariant…

Dans les bureaux du temple, Hori et Ahmosé attendaient, silencieux, aux côtés du scribe Penpato. Le jeune prêtre, qui les avait fait entrer, les avait convenablement installés avant d'aller prévenir Mérybastet. Gênés par la présence de leur supérieur, les garçons n'osaient pas dire un mot. Enfin le grand prêtre entra, soutenu par sa fille. Penpato s'inclina devant lui, le salua et lui montra son ordre de mission.

– Sois le bienvenu dans le domaine de Bastet, fit le vieillard. Je suis Mérybastet, le grand prêtre, et voici ma fille Néférou. Elle est prêtresse et elle est aussi la supérieure des danseuses et des chanteuses du temple. J'apprends que tu es chargé d'une inspection. Comment comptes-tu procéder ?

– Peux-tu me donner la liste de toutes les personnes qui travaillent ici ?

Le vieil homme conduisit Penpato dans une salle de la maison de Vie, où étaient rangés les documents importants. Le fonctionnaire prit le temps de lire la longue liste des prêtres, scribes, ouvriers, jardiniers, serviteurs et cuisiniers employés par le domaine de Bastet.

– Qui loge dans l'enceinte du temple ? demanda le scribe.

– Les prêtres, certains scribes, une partie des serviteurs, les chanteuses et les danseuses, répondit le vieil homme. D'autres habitent en ville et viennent chaque jour travailler au temple, comme l'interprète des rêves[1]...

– Bien ! approuva Penpato. Je voudrais commencer par faire l'inventaire du trésor, et j'étudierai ensuite les livres de comptes du domaine.

Les deux hommes se dévisagèrent en silence. Hori songeait, amusé, qu'il était impossible de trouver plus différents que ces deux-là : Mérybastet était frêle et il semblait aussi fragile que du verre, alors que Penpato, grand et bedonnant, avec sa voix formidable, respirait la force et la santé.

– Soit, admit Mérybastet. Néférou, veux-tu amener Penpato et ces deux jeunes gens dans la salle du trésor ?

La jeune femme ne répondit pas tout de suite. Hori eut l'impression qu'elle cherchait ses mots. Enfin elle dit :

1 Prêtre ou scribe chargé d'expliquer le sens des rêves. Les Égyptiens pensaient que les rêves pouvaient être un message des dieux.

– Je vais vous y conduire. Reste ici, père, je reviens !

Penpato, Hori, Ahmosé, qui tenait en laisse Didi, suivirent la prêtresse. Tod, de son côté, restait dans les jardins. Le petit groupe, en sortant de la maison de Vie, longea de nombreux bâtiments ; Hori observait les lieux. En passant devant une salle éclairée par de larges fenêtres, il entendit de la musique. Un coup d'œil lui confirma ce qu'il espérait : c'était là que travaillaient les danseuses. Tamit devait être parmi elles ! Pour l'instant, pas question de parler de son amie à Penpato. Ils contournèrent le grand pylône d'entrée et arrivèrent devant un bâtiment décoré de scènes peintes.

Néférou s'arrêta et expliqua à Penpato :

– Voici la maison des Chats, avec une salle réservée au chat sacré. Le prêtre Pashed couche dans cette petite maison, juste à côté, dit-elle en désignant une bâtisse, et derrière se trouve la salle du trésor.

Hori et Ahmosé se regardèrent, impressionnés : ainsi il y avait bien un chat sacré !

– Je vais vous ouvrir la porte de la salle du trésor, poursuivit la prêtresse.

– Attends, l'interrompit Penpato en arrêtant le bras de la jeune femme. Je dois d'abord voir les scellés.

Le fonctionnaire s'approcha de la porte et vérifia que le cachet d'argile qui la condamnait était intact. Néférou se mordit la lèvre, mortifiée.

– C'est bien, fit le scribe. Allons-y !

CHAPITRE V

Néférou brisa le cachet et ils entrèrent dans la salle du trésor. Penpato jeta un coup d'œil sur la pièce, plongée dans une demi-obscurité, et s'adressa à la prêtresse avec autorité :

– Mes assistants et moi allons passer la journée à faire l'inventaire de ce qui se trouve ici. Fais-nous apporter de la lumière, et quelques provisions pour midi. Nous ne quitterons pas ces lieux avant d'avoir terminé !

Hori regarda Néférou à la dérobée. La jeune prêtresse, excédée par le ton autoritaire de Penpato, dissimulait mal son hostilité. Sans prononcer un mot, elle tourna les talons et partit.

– Tod ! cria Penpato.

Le policier se présenta sur le seuil.

– Oui ?

– Reste devant cette porte, et ne bouge pas tant que je ne t'en donnerai pas l'ordre ! Ah, prends le singe avec toi, cet animal risque de nous gêner dans notre tâche. Et maintenant, mes garçons, au travail !

Penpato ouvrit son coffre de scribe et en sortit un rouleau de papyrus.

– Voici la liste de tout ce qui appartient au trésor du temple ; elle vient du bureau des archives de Pi-Ramsès. Nous devons vérifier que tout se trouve ici.

Hori, ébloui, regarda les merveilles qui s'entassaient dans la salle du trésor. C'étaient les objets les plus précieux utilisés pour le culte de Bastet : amulettes, colliers d'or et de pierres, coiffures miniatures à mettre sur sa statue, boucles d'oreilles, instruments de musique, vêtements brodés d'or… Le garçon sourit : cette déesse chatte était gâtée ! Bien des dames auraient aimé posséder de telles parures ! Hori prit son coffret de scribe, en sortit son matériel et se mit au travail.

Pendant ce temps, dehors, Tod tenait la laisse de Didi. Assis à ses pieds, le petit singe semblait malheureux, son visage noir était tout chiffonné. Le Nubien sourit. Il venait d'avoir une idée, une excellente idée ! Cet animal n'allait tout de même pas passer la journée attaché à ses pieds. Tod se baissa, détacha Didi et, avant de lui rendre la liberté, il se baissa et lui murmura à l'oreille :

– Didi, cherche Tamit, cherche !

Didi se figea en entendant le nom de son amie, puis, poussant un cri, il courut vers les jardins du temple.

Tamit était ravie et épuisée. Le cours du matin avait été particulièrement difficile, mais elle avait fait des progrès depuis son arrivée à Bubastis, c'était certain. Il y avait très peu de danseuses rattachées au temple, et la plupart d'entre elles étaient des jeunes filles issues des meilleures familles de la ville. Elles étaient plutôt gentilles, mais l'art de la danse ne les intéressait guère. Elles profitaient de la moindre occasion pour interrompre leur entraînement, papoter, et se promener dans les jardins en grignotant des douceurs. Le professeur de danse avait rapidement apprécié le talent et le sérieux de Tamit et la faisait travailler dur.

L'adolescente s'essuya le front avec une serviette de lin et sortit quelques instants dans les jardins. Il faisait déjà chaud ; Tamit s'approcha d'un bassin pour profiter de la fraîcheur de l'eau quand elle entendit un bruit dans les fourrés, comme un froissement de feuilles. « C'est sans doute un chat » se dit-elle. Au moment où elle se penchait près de la pièce d'eau, un animal bondit tout près d'elle avec un cri joyeux : c'était un petit singe, son visage et ses pattes d'un noir profond tranchaient avec la couleur gris-vert de sa fourrure. Et il portait une boucle d'or à l'oreille gauche. « Comme Didi », pensa Tamit, stupéfaite. Mais… Ce n'était pas possible, pas *ici !*

– Didi ? C'est toi ?

Le singe lui sauta dans les bras !

Hori, Ahmosé et Penpato travaillaient depuis plus d'une heure quand Hori découvrit quelque chose d'anormal : il manquait deux vases d'or. Peut-être s'était-il trompé ? Le garçon se pencha sur la liste : le papyrus indiquait huit vases et il n'en voyait que six.

– Maître Penpato, je crois que j'ai trouvé une erreur.

Malgré sa corpulence, le fonctionnaire se leva avec la rapidité d'un fauve et s'approcha de la liste. Un peu plus tard, après avoir fouillé la salle du trésor dans ses moindres recoins, le doute n'était plus permis : il manquait bien deux grands vases d'or.

– Le papyrus est formel, fit Penpato. Il devrait y avoir un vase décoré de bouquetins et un autre offert par le pharaon Ramsès II.

– Que faisons-nous maintenant ? interrogea Ahmosé, tout excité.

– Nous continuons ! répondit Penpato. Nous devons vérifier qu'il n'y a pas d'autres objets disparus.

L'inventaire se poursuivit, mais l'ambiance avait changé : Penpato, dont les yeux brillaient d'excitation, ne tenait pas en place. Ahmosé, troublé, comptait et recomptait de peur de se tromper. Quant à Hori, il se demandait ce que cette disparition signifiait : était-ce une erreur ou un vol ? Enfin, à la mi-journée, tout fut terminé, et la conclusion était claire :

– Il manque trois choses, déclara Penpato à ses apprentis. Deux vases d'or et une statue de Bastet en bronze doré. Mes garçons, l'affaire devient délicate… Tod ! cria le scribe.

Le *medjay* apparut dans l'encadrement de la porte, aussi serein que d'habitude.

– Je vais voir le grand prêtre, reste ici et ne laisse entrer personne ! Et vous deux, ajouta-t-il à l'attention des jeunes scribes, attendez-moi avec lui.

À la suite de Penpato, Hori sortit de la salle du trésor. Se trouver à l'air libre lui fit le plus grand bien. Il s'approcha du Nubien.

– Tu as tout entendu, Tod ?

– Oui, confirma le policier, impassible. Des objets ont disparu dans la salle du trésor.

– Notre inspection commence bien, fit Ahmosé. Mais… que se passe-t-il là-bas ?

Des dizaines de gens arrivaient par le chemin, bordé de canaux, qui menait au domaine de Bastet. Il y avait là surtout des femmes, des personnes âgées et des enfants ; beaucoup portaient des paniers, et ils semblaient impatients.

– Où vont-ils ? s'étonna Ahmosé.

Tod se tourna vers lui :

– Ils apportent leurs offrandes pour les chats ! Regarde…

La foule s'était arrêtée devant l'entrée. Les yeux des enfants brillaient d'excitation. En tête de la procession, une jeune fille chantait en s'accompagnant de claquettes de bois. Un prêtre vint les accueillir ; ceux qui avaient apporté des offrandes ouvrirent leurs paniers et en sortirent des petits poissons. Soudain on entendit un cri de satisfaction : le gardien des chats Pashed venait d'arriver, et Miou le suivait, d'une démarche altière. En voyant le chat sacré, les citadins se prosternèrent en psalmodiant des prières. Un vieillard leva les bras au ciel en implorant la bénédiction de Bastet. Hori regardait Miou, fasciné. Longue et fine, la chatte rousse avait vraiment une allure royale ; elle semblait se rendre compte de tous les honneurs qui l'entouraient. Un cri de joie tout près de lui fit sursauter le jeune garçon.

– Hori ! Ahmosé !

Tamit courait, Didi dans les bras. Elle sauta au cou de ses amis.

– Vous ici ! Je n'y crois pas ! Didi m'a

surprise dans les jardins et je l'ai suivi… Tod est là aussi ? Mais qu'est-ce que vous faites tous à Bubastis ?

– Chut ! Parle plus bas, dit Hori. Je vais te raconter…

Et il lui expliqua rapidement quelle était leur mission, et ce qu'ils venaient de découvrir. Tamit fronça les sourcils.

– Un vol, dans la salle du trésor ? murmura-t-elle. C'est très grave…

– Tamit, toi qui connais le temple, tu peux nous aider à découvrir ce qui se passe ici. Que penses-tu de Mérybastet et de Néférou ?

– Je connais très peu le grand prêtre, mais on dit qu'il ne s'intéresse qu'à la déesse. Je vois surtout sa fille, Néférou, qui est notre maîtresse de danse.

L'adolescente s'interrompit soudain. Dans l'allée sablée qui séparait le temple de la salle du trésor, un homme s'avançait, une bêche à la main. De taille moyenne, il était maigre et brun de peau, avec une barbe noire taillée en pointe. Noué sur son front, un bandeau de tissu jaune retenait ses cheveux. L'homme passa son chemin, les yeux baissés, indifférent au groupe formé par Tod, Tamit et les deux garçons.

– Qui est-ce ? demanda Hori, tandis que l'inconnu s'éloignait.

– C'est Yénen, un Libou[1], un prisonnier de guerre, répondit Tamit. Il travaille ici comme jardinier. Il n'est pas bavard. À part Pashed, tout le monde l'évite et se méfie de lui.

– Qui est Pashed ?

– À qui parles-tu ? tonna Penpato.

Hori sursauta, il ne s'habituerait jamais à la voix de son nouveau supérieur.

– Maître, je viens de retrouver notre amie Tamit ! Elle est danseuse ici.

Tamit salua le fonctionnaire en s'inclinant, les deux mains levées.

– Laisse-nous, jeune fille, je dois parler à mes assistants, tout de suite ! Venez, installons-

1 Libyen.

nous dans la salle du trésor. Tod, accompagne-nous.

Tamit partit en lançant un clin d'œil complice à ses deux amis et Penpato poursuivit :

– J'ai prévenu Mérybastet, le grand prêtre ; il est évidemment très choqué par cette disparition. Nous allons devoir l'interroger plus longuement, ainsi que Néférou, et tous ceux qui ont pu approcher de cette salle la dernière fois qu'elle a été ouverte. Je voudrais que toi, Ahmosé, tu prennes des notes pendant les interrogatoires. À condition que ton singe se tienne correctement !

– Je ferai de mon mieux, dit le garçon en réprimant un sourire.

– Toi, Hori, voici ta mission pour cet après-midi : j'ai demandé à Mérybastet de faire mettre un nouveau sceau sur cette porte. Tu vas rester ici et t'assurer que ce sera fait dans les règles.

Hori ne répondit rien. Mais passer l'après-midi planté devant la salle du trésor ne l'enthousiasmait guère.

– Toi, Tod, continua Penpato, tu assisteras aussi aux interrogatoires. Nous nous installerons dans les bureaux.

Le Nubien prit ses armes et suivit Penpato. Ahmosé, portant son coffret de scribe et tenant Didi en laisse, lança un regard taquin à Hori.

– Bon courage ! souffla-t-il. Je te laisse Didi !

Hori resta seul avec le singe.

CHAPITRE VI

Penpato, en présence du policier Tod, commença les interrogatoires. Il reçut en premier le grand prêtre Mérybastet; le vieil homme, bouleversé, se lamentait sur l'incompréhensible disparition des objets sacrés. Ahmosé, assis par terre, un calame à la main, notait tout ce qui se disait.

– Te souviens-tu de la dernière fois où a été ouverte la salle du trésor? questionna Penpato.

– C'était pour la fête du nouvel an, précisa le prêtre. Il y a neuf jours de cela. Je crois que nous avons pris des sistres[1] et peut-être des

1 Instrument de musique à percussion, sorte de crécelle.

vases... Non, finalement, je crois que nous n'avons pas sorti de vases, mais la salle a été ouverte, j'en suis sûr !

– Bien. Est-ce qu'il t'arrive de confier ton sceau à quelqu'un ?

Ahmosé leva la tête et regarda le grand prêtre : la question était plus qu'embarrassante. Mais le vieillard répondit avec simplicité :

– Oui, je confie de temps à autre ma bague à ma fille Néférou, pour qu'elle puisse avoir accès aux objets sacrés, ainsi qu'au prêtre gardien des chats, Pashed.

– Me permets-tu de te demander pourquoi tu la prêtes au gardien des chats ?

– Pashed a parfois besoin de prendre une parure pour Miou. Tu as peut-être remarqué que notre chatte sacrée porte une boucle d'oreille ?

– Je l'ignorais... Je te remercie pour ton aide, je vais parler à ta fille à présent.

Néférou fut plus brève et plus précise que son père.

– Oui, j'étais avec mon père et j'ai pris les sistres dans la salle du trésor pour préparer la fête de la nouvelle année. Je n'ai pas vérifié que les vases et la statue se trouvaient toujours là ; je n'avais d'ailleurs aucune raison de le faire !

– Qui a ouvert la salle ? fit Penpato.

– Moi. Nous sommes entrés en brisant le cachet, et c'est père qui a apposé le sceau quand nous sommes partis !

– Mais tu ne peux m'assurer que les objets en question étaient là ?

– En effet. Ces objets ont peut-être disparu depuis longtemps...

Le fonctionnaire regarda la jeune femme. Elle était d'un calme surprenant. Elle avait l'air de le fixer de ses petits yeux moqueurs. « Elle ne manque pas de cran », se dit Penpato.

– Sais-tu quand on s'en est servi pour la dernière fois ? Réfléchis bien...

La jeune femme répondit aussitôt :

– C'est simple ! Ces vases et la statue de la déesse ne sortent qu'une fois par an, lors de la grande fête de Bastet et la dernière fois, c'était l'an passé, le treizième jour du deuxième mois de la saison *akhet*[1].

– Mais... cela fait presque une année ! s'écria Penpato.

– Tout à fait !

– Bon, je n'ai plus besoin de toi, grogna le fonctionnaire sans cacher sa déception. Tu peux faire entrer Pashed !

Le gardien des chats salua Penpato et s'assit avec quelques difficultés, causées par son embonpoint.

– Le grand prêtre m'a dit qu'il te prêtait parfois son sceau, lança Penpato.

– C'est exact, quand j'ai besoin d'un bijou pour Miou.

– Quand te l'a-t-il confié pour la dernière fois ?

Le prêtre hésita :

– Il y a trois ou quatre jours, je pense. La

---

1 Le calendrier égyptien se divisait en trois saisons de quatre mois chacune : *akhet*, la crue (la saison de l'inondation), *peret*, la décrue (la saison des semailles), et *chemou*, les basses eaux (la saison de la moisson).

chatte sacrée avait perdu sa boucle d'oreille et, avec l'accord de Mérybastet, je suis allé en chercher une autre.

– C'était donc après les fêtes du jour de l'an ?

– Oui, oui, j'en suis certain !

– À ce moment-là, les vases et la statue de la déesse avaient-ils déjà disparu ?

Pashed regarda le sol, embarrassé.

– Je suis désolé, je n'en sais rien. J'ai juste ouvert le coffret qui contient les boucles d'oreilles, j'en ai pris une et je suis sorti. Il me semble que la statue de Bastet était là, mais je n'en suis pas sûr du tout.

Lorsqu'il fut parti, Penpato se leva, tapa du poing contre le mur de brique et laissa éclater sa colère :

– Par tous les dieux, Tod ! Tu as entendu ça ? Ces objets peuvent avoir disparu n'importe quand ! Comment savoir qui les a volés ?

Le Nubien hocha la tête avec gravité :

– Nous allons avoir du mal…

Hori commençait à trouver le temps long. Il regarda autour de lui, essayant de se repérer dans l'immensité du domaine de Bastet. La salle du trésor était entourée d'un côté par la maison des Chats, de l'autre par un petit jardin. Elle n'avait qu'une fenêtre côté jardin, et ne possédait qu'une porte. L'apprenti scribe observa la fenêtre : elle était trop étroite pour que quelqu'un puisse s'y glisser, et elle était fermée de surcroît par une grille de bois. S'il y avait eu vol, le voleur était passé par la porte, c'était certain. Mais celle-ci était scellée…

Hori s'approcha de l'entrée et s'accroupit. Il découvrit sur le sol les restes du cachet d'argile que Néférou avait brisé le matin même. Machinalement, le garçon arrangea les morceaux pour reconstituer l'image : cela représentait la déesse Bastet sous forme d'une femme debout, avec une tête de chat. Quelqu'un approchait : c'était le grand prêtre Mérybastet en personne, soutenu par un jeune homme au crâne rasé. Il salua d'un geste de la main Hori qui s'inclinait.

– Allons, ne perdons pas de temps. Faisons ce qui doit être fait !

Le prêtre présenta à Mérybastet une boule d'argile fraîche ; le vieillard l'apposa à cheval sur les deux battants de la porte, et y pressa fortement sa bague. Quand il la retira, il demanda à Hori de s'avancer et de constater. Le garçon vit, gravée sur le cachet d'argile, l'image de Bastet. Désormais, il était impossible d'ouvrir la porte sans briser le cachet. Sa mission était terminée, il pouvait aller rejoindre les autres.

Hori se dirigea vers les bâtiments administratifs et traversa les jardins. L'après-midi tirait à sa fin, et les moustiques firent leur apparition. Les canaux et les marais du delta en étaient infestés.

– Quelles sales bêtes ! fulmina le garçon en se donnant une claque sur l'épaule pour en écraser un.

Quand il parvint devant les bureaux, il rencontra Penpato, Tod et Ahmosé qui s'apprêtaient à partir. Le haut fonctionnaire semblait maussade et préoccupé.

– Nous avons terminé, fit Penpato. Quittons le temple, nous en avons assez fait pour aujourd'hui !

Dans la demeure de Kès, l'heure était venue de faire le point. Penpato, Tod et les garçons s'étaient installés dans une petite salle isolée, à l'abri des oreilles indiscrètes. L'endroit était confortable, et une terrasse décorée de colonnes fleuries laissait entrer la brise du soir. Une servante leur avait offert des rafraîchissements, puis elle les avait massés avec de l'huile de moringa[1] fraîche pour éloigner les moustiques. Ahmosé avait

1 Arbre dont les graines donnent une huile ayant des propriétés médicinales.

détaché Didi, et le singe, ravi de recouvrer sa liberté de mouvements, avait disparu dans les jardins qui entouraient la villa.

– Notre mission débute mal, grimaça Penpato. Trois objets ont disparu, et tout ce que nous savons, c'est qu'ils se trouvaient encore là pour la grande fête de Bastet, il y a onze mois. Hori, as-tu vérifié que la porte de la salle du trésor avait été scellée à nouveau ?

– Oui, le grand prêtre a posé lui-même le sceau. J'ai aussi fait le tour du bâtiment, maître. Il est impossible d'entrer autrement que par la porte !

Penpato soupira.

– Et trois personnes seulement peuvent se servir du sceau : Mérybastet, sa fille et le prêtre Pashed !

– Crois-tu que l'un des trois est un voleur ? demanda Tod, impassible.

– J'ai du mal à l'imaginer, et pourtant, je ne vois pas d'autre solution.

– Qu'allons-nous faire à présent ? demanda Ahmosé qui tombait de fatigue.

– Nous allons manger ! Je réfléchirai mieux l'estomac plein, et je suis sûr que mon cousin nous accueillera avec un repas digne de mon appétit !

Ils se levèrent et descendirent l'escalier. Le notable Kès, très fier de recevoir chez lui un haut fonctionnaire en mission officielle, les attendait dans la pièce de réception réservée aux hôtes de marque. En traversant les couloirs, Hori s'approcha d'Ahmosé.

– Écoute, je te propose une chose : après le repas, on va faire un petit tour en ville, pour voir un peu ce qui se passe en dehors du temple. D'accord ?

Ahmosé lui donna une bourrade.

– Je suis partant !

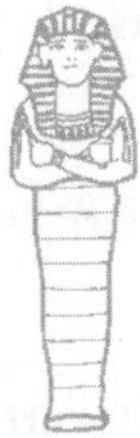

CHAPITRE VII

Dès qu'ils eurent fini de manger, les garçons prirent congé de Penpato et de Tod et sortirent en direction du port. Ahmosé marchait devant en sifflotant, heureux de prendre l'air. De son côté, Hori observait les passants : il y avait de nombreux soldats et étrangers. Les tavernes, d'où s'échappaient des chants et de la musique, étaient bondées. L'ambiance était à la fête. Sur les quais, des policiers patrouillaient pour éviter rixes et bagarres. Soudain Hori remarqua un homme qui se distinguait des autres passants : il longeait les murs d'un pas rapide, tête baissée, comme s'il souhaitait ne pas être vu. Son front était ceint d'un bandeau jaune.

– Ahmosé, regarde ! On dirait le Libyen du temple, Yénen !

– Hé ! Tu as peut-être raison... Viens, on va voir où il va !

Les deux amis suivirent le jardinier ; il s'approcha d'une modeste maison et frappa à la porte, tout en jetant des regards furtifs autour de lui. Bientôt la porte s'entrouvrit et il entra, fermant le battant derrière lui.

– Tu crois qu'il a le droit de quitter le temple comme ça ? demanda Ahmosé. C'est un prisonnier de guerre, tout de même !

Hori se passa la main dans les cheveux, perplexe.

– Je ne sais pas... J'en parlerai à Tamit demain. D'ici là, il est inutile de rester ici.

– On ne va pas rentrer tout de suite ! protesta Ahmosé. Allez, viens, on va retourner voir les bateaux ! Ani nous a demandé de regarder partout, non ?

Non loin de là, dans une ruelle qui menait au port, un autre homme marchait, drapé dans un manteau ; sa haute silhouette projetait des ombres gigantesques sur les murs. C'était le mystérieux inconnu qui était allé à la rencontre des pirates, un mois auparavant. Il s'arrêta devant une maison proche d'une taverne, un bâtiment peu reluisant dont la façade aurait eu grand besoin d'une couche de peinture. Un chat dormait sur le palier : l'homme, agacé, le chassa du bout du pied. L'amour excessif des Bubastites pour les félins l'exaspérait au plus haut point. Il frappa trois coups à la porte et attendit. On ouvrit : l'habitant des lieux était un petit individu mal rasé aux yeux globuleux. Il accueillit le visiteur avec un grand sourire :

– Entre, Seigneur, et assieds-toi dans ma pauvre demeure…

L'endroit, en effet, était modeste et plutôt sordide. Une antichambre au sol poussiéreux abritait des statues de Bès, le génie protecteur, et de Bastet, mais aucune offrande ne venait honorer les dieux. Juste après se trouvait la pièce de réception : trois tabourets et une table basse, dont la peinture s'écaillait, en composaient tout le mobilier. Le visiteur s'assit tandis que son hôte prenait deux gobelets et une cruche de bière.

– Je ne resterai pas longtemps, Toutou, fit le visiteur. Je dois te parler de ton prochain voyage.

Toutou sourit d'un air entendu ; officiellement patron de plusieurs bateaux de transport, il se servait souvent de ses navires pour trafiquer avec des commerçants syriens peu scrupuleux sur l'origine des marchandises.

– Oui ? Mon bateau doit partir dans trois jours pour rejoindre la côte.

– Je veux qu'il parte demain, fit l'autre. Je te ferai porter des marchandises supplémentaires qui feront partie de la même livraison.

Toutou était habitué aux lubies de son étrange client.

– Pas de problème ! Notre ami syrien sera

content de recevoir davantage de choses. De quoi s'agira-t-il cette fois ?

– Des objets de grande valeur, répondit l'homme sombre. Je te les ferai livrer le jour du départ.

– Et combien veux-tu les vendre ?

– J'en veux cinq lingots d'or !

– Cinq lingots ? s'écria Toutou. C'est une fortune ! Ce doit être des objets très précieux !

– Très rares et précieux, oui. Tu devras d'ailleurs te montrer prudent, Toutou…

Insensiblement, le ton de l'inconnu avait changé. Le marin eut un sentiment de malaise.

– Pourquoi donc ?

– L'un de ces objets est une statue… une statue de Bastet ! Elle a de grands pouvoirs magiques. Tu sais que j'ai quelques talents en ce domaine, Toutou ! Je saurai neutraliser la colère de la déesse et faire en sorte que tu parviennes à bon port, évidemment. Mais si, par malheur, il arrivait quelque chose…

Toutou avait perdu toute son assurance.

– Oui ? Quoi ?

L'inconnu joignit les doigts et regarda distraitement un lézard qui marchait au plafond.

– Si cette statue se perdait ou si tu ne rentrais pas dans les délais convenus, eh bien, je ne maîtriserai plus les pouvoirs de la déesse, tu me comprends, n'est-ce pas ?

– Je te comprends et fais-moi confiance, tout se passera pour le mieux, comme d'habitude !

– J'en suis ravi, Toutou ! dit l'homme en se levant. Merci pour la bière !

L'inconnu quitta la maison, un sourire aux lèvres. Le trafic qu'il avait mis en place lui rapportait beaucoup d'argent. Les opérations étaient bien organisées : son complice, dans le temple de Bastet, lui fournissait des provisions ou des objets précieux, et le marin Toutou se chargeait de les vendre à des Syriens, sur la côte, loin de Bubastis. Un marchand syrien chargé d'amphores de vin avait été arrêté quelques mois plus tôt, mais la police de Bubastis n'était pas très efficace et n'était pas remontée jusqu'à l'homme sombre. Oui, tout se passait bien, il utilisait même parfois les services des pirates. Malheureusement, l'arrivée de ce Penpato avait compliqué les choses : il faudrait interrompre le trafic pendant quelque temps. Il était impossible de voler du grain ou des bijoux dans le temple au nez et à la barbe de l'inspecteur ! En soi, ce n'était pas grave, mais une chose préoccupait l'inconnu : est-ce que son complice allait tenir bon ? Si l'homme sombre était démasqué, il devrait partir une fois de plus avec le butin, et refaire sa vie ailleurs. Comme la dernière fois…

L'homme serra les poings en se rappelant son échec. L'an passé, il était riche : il avait organisé des pillages de tombes dans la vallée des Reines, et tout avait été découvert. Il avait dû fuir et recommencer sa vie ici, à l'autre bout du pays. Et tout ça par la faute de ce maudit Hori[1] ! Un jour il le retrouverait, et lui ferait payer très cher…

Après ses cours de danse, Tamit était allée nourrir les chats qui vivaient en liberté dans le domaine. En quelques jours, l'adolescente avait appris tous leurs secrets et elle savait exactement où il fallait déposer leurs repas.

– Tu t'en sors très bien, murmura Pashed.

Le vieux gardien des chats, souriant, observait la jeune fille.

– Merci ! fit Tamit, ravie. J'aime bien faire cela. As-tu déjà apporté son dîner au chat sacré ?

Pashed fronça les sourcils.

– Miou a très peu mangé, elle est nerveuse, je le sens…

– Tout le monde est nerveux ici, confirma la jeune fille. La prêtresse Néférou est inquiète,

1 Voir dans la même collection, *Le scarabée du cœur*.

ça se voit, et notre professeur de danse a eu du mal à nous faire travailler cet après-midi.

– Miou aime la paix, comme la déesse Bastet qui habite son cœur. Or, elle sent que la paix est troublée aujourd'hui. Ces objets qui ont disparu... Cela laisse présager bien des problèmes !

– Où est-elle ?

Le prêtre fit un geste vague de la main :

– Ici ou là, dans son domaine. Elle est libre d'aller où elle le désire. Je vais veiller jusqu'à ce qu'elle rejoigne la maison des Chats.

– Est-il déjà arrivé qu'elle s'éloigne du domaine ? Qu'elle quitte le temple ?

Pashed sourit.

– Jamais, Tamit ! Je t'ai dit une fois que Miou n'était pas un chat ordinaire. Si tu veux, je vais t'expliquer pourquoi.

Tamit s'assit aux pieds du prêtre et attendit.

– C'était il y a plusieurs années, nous n'étions pas encore nés, toi et moi. La déesse

Bastet, à l'époque, était vénérée sous sa forme de lionne. Comme maintenant, beaucoup de chats vivaient dans le temple, et les prêtres appréciaient leur beauté et leur intelligence. L'un d'entre eux, surtout, attirait l'attention : une chatte, mince et fine, au regard vif. On l'appelait Tamit, comme toi ! C'était l'ancêtre de Miou !

– Je vois…

– Un jour, il se passa quelque chose de terrible. Après les prières du matin, la terre s'est mise à trembler ! Une partie du mur qui entoure le domaine s'est écroulée, les colonnes de la grande salle commençaient à vaciller sur leur base. Tout le monde était terrifié, et c'est alors que Tamit est entrée dans le temple. Calmement, lentement, avec sa grâce habituelle, elle a traversé toutes les salles et s'est dirigée vers le sanctuaire ! Le grand prêtre de l'époque l'a remarquée, il a appelé les autres et ils l'ont suivie. La chatte s'est installée devant le Saint des Saints, les prêtres autour d'elle. À ce moment, la terre a encore tremblé, mais aucune pierre du temple n'est tombée. Et pendant que le sol bougeait, Tamit restait là, sereine et tranquille, dans le sanctuaire. Quand tout fut fini, les prêtres autour d'elle ont compris que c'était la déesse qui lui avait parlé, qui l'avait guidée jusqu'au *naos.*

– Quelle histoire extraordinaire !

– Et ce n'est pas tout : le lendemain, pendant l'office, le grand prêtre a ouvert la chapelle de pierre qui abritait la statue de la déesse. Sais-tu ce qu'il a vu ?

– Non…

– La déesse avait un visage de chat ! La statue était la même, mais le prêtre, en la regardant, ne voyait plus Bastet la lionne, mais Bastet la chatte, celle qui protégeait son temple et ses prêtres de la terre qui tremble. La déesse a choisi ce chat, Tamit, elle l'habite comme elle habite aussi sa statue. Depuis le jour du tremblement de terre, nous considérons Tamit comme sacrée. Quand elle est morte, nous avons embaumé son corps et sa momie a été placée dans un sarcophage, et nous accomplissons pour elle les mêmes rites que pour l'un des nôtres.

– Et la Miou d'aujourd'hui descend de cette chatte, fit Tamit, pensive.

Le prêtre se leva.

– Oui, et elle a autant de qualités. C'est un chat exceptionnel ! C'est l'heure de l'office du soir, Tamit, je dois y aller.

– Je te souhaite une très bonne nuit, Pashed !

Tamit s'inclina pour saluer le prêtre, puis elle sortit de la maison des Chats et se dirigea, rêveuse, vers le dortoir des femmes.

CHAPITRE VIII

Au petit jour, Hori ouvrit un œil. Mal réveillé, il aperçut une forme bizarre, une espèce de tas d'étoffes posé sur une natte à côté de la sienne. Le garçon tendit la jambe et donna un léger coup de pied.

– Ahmosé ?

Le tas grogna, roula, et un bras sortit d'un enchevêtrement de tissus bariolés.

– Hmmmmm ? Qu'est-ce qu'il y a ?

Hori, hilare, était tout à fait réveillé maintenant.

– Mais qu'est-ce que tu fais là-dessous ? Tu dois mourir de chaud !

Une main rabattit le tissu et un visage apparut, rouge et bouffi de sommeil.

– Ces fichus moustiques ne m'ont pas laissé une minute de répit ! L'huile dont la servante m'a tartiné hier soir n'a servi à rien ! Regarde… Ils m'ont piqué là, là et là !

Hori, compatissant, claqua la langue :

– C'est une spécialité du delta ; les marais attirent les insectes. Tu vas peut-être t'y habituer ? Allez, viens te laver, l'eau fraîche te fera du bien.

– Charmante région ! Des moustiques, des chats sacrés, et un temple où il manque la moitié du trésor.

– Tu exagères !

– Hori… fit la voix d'Ahmosé sous les couvertures.

– Oui ?

– Tu crois que c'est un vol ? Qu'est-ce qu'on va faire, à ton avis ? C'est la police qui doit s'en occuper, pas nous…

– J'espère quand même qu'on va continuer notre enquête ! Dépêche-toi, Penpato doit nous attendre.

En effet, Penpato, réveillé aux aurores, était en train de prendre son petit déjeuner, en compagnie de Kès. Le notable accueillit ses hôtes d'un geste large :

– Salut à vous, jeunes scribes !

Les garçons répondirent aussi poliment qu'il le fallait. Hori ne put s'empêcher de sourire : contrairement à son cousin, Kès avait une voix fluette qui contrastait avec son physique imposant.

– Vous voilà enfin ! dit Penpato. Dépêchez-vous de manger quelque chose, nous allons partir pour le temple… Ahmosé, ton singe est plus matinal que toi ! Je lui ai fait préparer une collation. Cette bestiole est amusante, finalement !

Ahmosé étouffa un cri : Didi, assis devant un énorme tas de fruits, croquait à belles dents une grenade ; du jus rouge dégoulinait sur son menton.

– Didi ! ça suffit ! protesta son maître. Tu vas être malade !

– Tod n'est pas là ? s'étonna Hori.

– Il est déjà sorti, expliqua Penpato. Je l'ai chargé de faire porter un message à Ani.

– Qu'allons-nous faire, maître ? interrogea Ahmosé.

– Nous poursuivons l'inspection, évidemment ! Jusqu'à ce que je sache quelles sont les instructions du vizir. L'affaire est grave et je ne doute pas qu'Ani lui en parlera. En attendant, nous continuons, nous avons encore beaucoup de travail devant nous. Ahmosé, c'est toi qui prendras des notes, comme hier.

– Et moi ? fit Hori.

Penpato le regarda, sourcils froncés :

– J'ai lu les rapports que vous avez écrits hier. Ahmosé écrit mieux que toi, mon garçon !

Hori se mordit la lèvre ; il n'avait jamais été doué pour l'écriture, et ce défaut lui posait des difficultés depuis l'époque où il faisait ses études, à la maison de Vie de son village natal. Heureusement, il avait d'autres qualités : son intelligence et sa curiosité faisaient merveille dès qu'il avait posé ses calames !

– Toi, tu vas nous aider à compter, nous en aurons bien besoin. Maintenant, allons-y !

Miou avait très peu dormi. Elle disposait pourtant d'une pièce particulière dans la maison des Chats, et tout était fait pour lui assurer confort et tranquillité : de doux coussins de lin étaient à sa disposition, et la pièce était décorée d'images de Bastet sous toutes ses formes : femme-chat, femme-lionne, ou simple chatte allaitant ses petits. Ainsi le chat sacré pouvait-il, en permanence, se nourrir de la force émanant de la déesse.

Mais ce matin, Miou était indifférente à la beauté des lieux. Dédaignant le bol de lait que Pashed, dès l'aube, faisait déposer à son attention devant la maison des Chats, elle fila vers les jardins. Elle marchait avec grâce sur le sable, contournant les bosquets et les statues. À sa vue, un grand chat brun fila sans demander son reste: Miou était la reine ici, les animaux eux-mêmes le savaient. Soudain, la chatte s'immobilisa: un bruit inhabituel troublait le calme matinal. Aux aguets, les oreilles couchées vers l'arrière, Miou s'avança prudemment.

Ce n'était que le vieil homme. Miou le connaissait bien, mais il était rare de le rencontrer dans les jardins. Il semblait égaré. Ses yeux fatigués regardaient les allées comme s'il ne les avait jamais vues...

Miou s'approcha de lui et frôla de sa truffe humide sa main ridée. Le vieux prêtre sursauta.

– Le chat sacré ! Le chat de Bastet !

Malgré son grand âge, il s'inclina et la salua. Miou recula prudemment, juste au moment où Néférou arrivait.

– Père ! Enfin je te retrouve ! Que s'est-il passé ?

Mérybastet dévisagea sa fille, une expression

étrange se lisait sur son visage : on aurait dit qu'il s'éveillait après un mauvais rêve.

– C'est toi, Néférou ? Mais que fais-tu ici ?

– Je te cherchais ! Pourquoi es-tu venu ici, père ? Tu es parti juste après le culte du matin.

– Le culte... fit le vieillard en plissant le front. Je me rappelle, j'ai voulu faire quelques pas. Je réfléchissais à ces objets disparus et après... je ne sais plus ! Ma fille, ma mémoire me joue des tours. Je fais des choses, puis je l'oublie ! Tu es bien gentille d'être venue à ma rencontre.

La jeune femme observa son père.

– Cela t'arrive de plus en plus souvent. Ne devrais-tu pas laisser un autre prêtre célébrer le culte à ta place ? C'est une charge épuisante !

Mérybastet se redressa de toute sa hauteur.

– Jamais, ma fille ! J'ai voué ma vie à la déesse, je la servirai jusqu'au bout.

– Père, ne le prends pas mal ! Je pensais juste à ta santé, cela te soulagerait !

Le vieillard, obstiné, secoua la tête :

– Il n'en est pas question ! Viens, rentrons...

Néférou se força à sourire et prit le bras du vieil homme. Elle était très inquiète : son père perdait la mémoire peu à peu, qui sait ce qu'il avait pu dire et ce qu'il allait pouvoir dire à l'inspecteur envoyé par le vizir. Elle se figea subitement : quelqu'un marchait par là, tout près, à côté d'un tamaris. Ah, ce n'était que cette danseuse de Thèbes, Tamit. Néférou respira un grand coup : décidément, elle était à bout de nerfs, il fallait absolument qu'elle garde son sang-froid. Elle sourit à la jeune fille et raccompagna son père jusqu'à ses appartements.

Penpato avait demandé un entretien à l'intendant du domaine de Bastet : ce fonctionnaire était chargé de gérer les biens appartenant au temple, et de s'occuper des fournitures nécessaires aux offrandes et à la nourriture de tout le personnel. L'homme n'était pas seul pour assumer ces tâches : plusieurs scribes l'assistaient et tous les documents rédigés étaient classés dans un bureau spécifique. Penpato avait chargé Hori et Ahmosé de consulter ces archives ; leur travail de la journée serait de vérifier que les quantités de vivres contenues dans les greniers correspondaient bien à ce qui était noté.

Ahmosé avait attaché la laisse de Didi pour éviter toute bêtise, et les garçons, leurs coffrets de scribe à l'épaule, avaient suivi Penpato jusqu'aux entrepôts du temple. Ils entrèrent dans un grand bâtiment surveillé par un garde. Plusieurs chats y avaient élu domicile et se chargeaient de chasser les souris attirées par les provisions. Hori fut saisi par l'odeur très particulière des céréales et de la viande séchée. Sur le sol de terre battue s'alignaient des centaines de jarres, des pots de terre vernissée et des sacs de toile. Un escalier menait à l'étage, où les céréales étaient stockées dans de gigantesques silos à grains. Hori, effaré, regarda les énormes réserves de nourriture : combien de temps allaient-ils passer pour compter tout ça ? Penpato, nullement impressionné, se frotta les mains et lança d'un ton joyeux :

– Au travail ! Hori, tu vas rester en bas pour compter les jarres d'huile et celles de miel, Ahmosé et moi allons vérifier le niveau des céréales.

Les garçons préparèrent de quoi écrire. Penpato et Ahmosé montèrent l'escalier. Hori, un calame glissé derrière l'oreille, commença à compter les jarres d'huile. Il lui fallut presque deux heures pour en venir à bout, et le compte était bon : il y avait exactement la quantité notée sur les papyrus des archives. Il s'occupa ensuite des jarres de miel. Ce mets délicieux et très précieux valait une petite fortune ; il fallait le récolter jusque dans le désert. Là aussi, tout était en règle. Le garçon s'approcha, curieux, des énormes jarres fermées par un bouchon de terre séchée.

« Tout y est, mais qu'est-ce qui nous prouve qu'il y a bien de l'huile et du miel là-dedans ? se dit-il. Puisqu'on a volé des objets du trésor, on a pu aussi trafiquer les jarres ! »

– Maître Penpato ! cria-t-il. Est-ce que je dois ouvrir les jarres pour vérifier ce qu'il y a à l'intérieur ?

La tête de Penpato apparut en haut de l'escalier :

– Pour l'instant, contente-toi de compter !

– Bon…

Hori, grommelant, s'approcha de la porte. Autant sortir prendre l'air puisqu'il ne pouvait plus rien faire tout seul ! Il jeta un coup d'œil dehors et étouffa un cri de surprise : Tamit était là, un doigt sur les lèvres.

– Il faut que je te voie, j'ai quelque chose à te confier, chuchota la jeune fille quand le garçon fut sorti. Peux-tu me retrouver ce soir, dans la salle de danse ? Il n'y a jamais personne après les cours…

– D'accord, mais explique-moi où c'est !

L'adolescente le lui dit en quelques mots et Hori s'empressa de regagner les entrepôts, juste au moment où Penpato et Ahmosé descendaient. Les cheveux bouclés du jeune garçon étaient couverts d'une fine poussière.

– Note, Ahmosé : tout est conforme pour l'orge et le blé. Passons maintenant aux fèves et aux lentilles…

– Et pour l'huile et le miel ? insista Hori. Faut-il ouvrir les jarres ?

Penpato hésita. Après tout, un vol avait déjà été commis, il valait mieux se montrer prudent :

– Ouvre trois jarres d'huile et deux de miel, au hasard…

Hori repéra trois jarres et brisa leurs bouchons. Elles étaient pleines d'un liquide sombre. Il y trempa le doigt et goûta : c'était bien de l'huile !

– Écris, Ahmosé : nous avons ouvert trois cruches d'huile et vérifié leur contenu, fit Penpato, imperturbable.

Hori ouvrit deux grandes jarres de miel : la première était remplie du précieux liquide ambré, mais la deuxième… Le jeune garçon poussa un cri de triomphe :

– Du sable ! La jarre est pleine de sable !

CHAPITRE IX

Tod était satisfait. Il avait fini par trouver celui qu'il cherchait : le contremaître Antef. Celui-ci lui vouait une reconnaissance éternelle depuis que le Nubien lui avait sauvé la vie. Cela s'était passé il y avait plusieurs années, à l'époque où Antef et Tod étaient soldats dans le même régiment. Depuis, le contremaître avait quitté l'armée et vivait à Bubastis avec femme et enfants. Il avait été ravi de revoir son ancien compagnon, et il avait accepté immédiatement le petit service qu'il lui demandait : aller porter un message urgent à Pi-Ramsès.

– Tu le remettras au secrétaire du vizir en personne, Ani, avait expliqué Tod. Les gardes du palais te laisseront entrer si tu leur montres cette bague.

– Compte sur moi ! avait répliqué le contremaître en souriant.

Tod avait glissé un anneau dans la main d'Antef et les deux hommes s'étaient séparés, enchantés de leurs retrouvailles.

Le *medjay* était ensuite allé se présenter à Kenro, le chef de la police locale. Âgé d'une quarantaine d'années, c'était un homme au regard méfiant, imbu de son importance. Il reçut Tod dans un bureau très confortable, un chat sur les genoux.

– Ainsi tu es le *medjay* qui accompagne le fonctionnaire Penpato. J'ai entendu parler de toi.

Tod ne broncha pas ; il était normal que le chef de la police ait ses informateurs.

– Oui, je suis venu te présenter mes respects ! dit le Nubien en regardant autour de lui. Je suis impressionné par tes bureaux… Il est vrai que Bubastis est une grande ville !

Kenro sourit.

– C'est exact. Mais grâce à Bastet, la ville est paisible, à part quelques incidents sans importance…

– J'aurais pensé que le port attirait les trafiquants. Mais tant mieux si je me trompe !

Le chef de la police cessa immédiatement de caresser son chat.

– Des trafiquants ? Que veux-tu dire par là ?

Le *medjay* eut un geste vague.

– Tous les ports importants attirent les voleurs ! J'ai appris qu'une famine ravageait les pays d'Asie, au-delà des chemins d'Horus[1]. Tu sais comme moi que, dans ces cas-là, il y a toujours des marchands sans scrupule pour acheminer du blé à prix d'or. Et il y a d'autres trafics. Certains étrangers sont prêts à tout pour se procurer nos précieuses amulettes, nos statues…

Kenro fixa les yeux noirs de Tod.

– Il n'y a rien de ce genre à Bubastis,

1 Sur les routes qui menaient en Palestine étaient bâties des forteresses. On appelait ce réseau les chemins d'Horus, du nom du dieu faucon.

crois-moi ! Je connais le scribe responsable du port et aucun incident n'a été signalé depuis des semaines !

– Et que s'est-il donc passé alors ?

Le chef de la police dissimulait à peine son exaspération ; ce Nubien était-il venu pour le narguer ?

– J'ai fait arrêter un homme, un Syrien, qui transportait dans son bateau des amphores de vin manifestement volées. Il a été emprisonné comme il se doit.

– Je n'en doute pas ! Et d'où venaient ces amphores ?

Kenro toussota, embarrassé :

– Nous ne le savons pas encore avec précision ! Les étiquettes[1] avaient été effacées, et l'enquête n'est pas terminée. Mais je ne veux pas abuser de ton temps, fit-il en se levant, tu dois sans doute rejoindre le scribe Penpato !

---

1 Comme nous, les Égyptiens étiquetaient leurs vins. Sur les amphores étaient indiqués le nom du propriétaire, le lieu de production, l'année de fabrication, etc.

Hori et Ahmosé étaient épuisés. Ils avaient passé des heures à vérifier les stocks de fèves et de lentilles, les jarres de viande séchée et les pots d'onguents parfumés. Il leur restait encore quelques amphores de vin à compter et ils pourraient espérer prendre un peu de repos. De son côté, Penpato prenait une collation : le gros scribe s'était installé sur un siège pliant et savourait un gobelet de bière fraîche pendant que ses apprentis terminaient le travail.

– Penpato ?

– Tod ! Tu es de retour ! Viens t'asseoir, tu as soif, j'imagine. Bois un verre de bière... Nous avons découvert autre chose ! Des grandes jarres de miel et des pots d'onguents ont été vidés et remplis de sable ! Les garçons sont en train de terminer, mais il y en a déjà pour une petite fortune !

Le Nubien siffla :

– De l'or, du miel, des onguents... Notre

voleur choisit ce qu'il y a de plus cher et de moins encombrant !

– As-tu fait porter mon message à Ani ?

– Oui, j'ai trouvé quelqu'un, il est déjà parti pour Pi-Ramsès... Je suis allé aussi me présenter au chef de la police de Bubastis.

– Sans me prévenir ? Tu aurais dû m'en parler ! lui reprocha Penpato. As-tu appris quelque chose d'intéressant au moins ?

– D'après lui, Bubastis est une ville très calme, sans voleurs ni trafiquants. Anormalement calme, si tu veux mon avis. La dernière affaire sérieuse remonte à plusieurs mois.

– Ça veut au moins dire que cette ville est bien administrée, tant mieux pour ses habitants !

Hori croisa le regard d'Ahmosé et réprima un sourire amusé. Décidément leur chef et Tod n'avaient pas la même vision des choses !

Tamit s'impatientait : Hori n'arrivait pas. Elle n'allait pas pouvoir rester plus longtemps dans la salle de danse sans que quelqu'un remarque son absence. Enfin le garçon entra, tout essoufflé d'avoir couru.

– Désolé d'être en retard, nous avons été débordés cet après-midi… Mais nous n'avons pas travaillé pour rien : figure-toi que sept jarres de miel et huit pots d'onguents étaient remplis de sable ! Il manque aussi cinq amphores de vin, le meilleur… On s'en est rendu compte juste avant de finir.

– De sable ? fit la jeune fille, stupéfaite.

– Oui, pour peser plus lourd ! Comme ça, on ne s'aperçoit de la fraude qu'en ouvrant le pot. Le voleur est très malin. Et toi ? Comment vas-tu ? Qu'est-ce que tu voulais me dire ?

– J'ai surpris une conversation ce matin, dans les jardins ! J'étais sortie pour prendre l'air et j'ai vu Néférou qui avait l'air de chercher quelqu'un… Alors je l'ai suivie. Elle cherchait son père ! Apparemment, Mérybastet perd un peu la tête. Il est très âgé, il a des absences, il ne se souvient plus de ce qu'il fait ! Tu sais ce que cela signifie ?

– Tu penses qu'il aurait pu prendre les vases et les statues dans la salle du trésor, les mettre quelque part et les oublier ?

– Pourquoi pas ?

Hori réfléchit :

– Ça se pourrait, en effet... Et les vols dans l'entrepôt ? Les jarres et les pots avaient été remplis de sable et soigneusement rebouchés... Ce n'est pas l'œuvre d'un vieillard distrait !

L'adolescente soupira et hocha la tête :

– Non, ce serait étonnant ! Qu'est-ce qu'on fait, Hori ? Tu veux en parler à Penpato ?

Le garçon se passa la main dans les cheveux, comme chaque fois qu'il était embarrassé :

– Pour l'instant, je préfère qu'on garde ça pour nous. Dis-moi, Tamit, le jardinier libyen, a-t-il le droit de sortir d'ici ? Nous l'avons vu hier soir en ville, Ahmosé et moi.

Tamit écarquilla les yeux.

– Yénen ? Sûrement pas ! Il est censé dormir ici. Décidément, il se passe des choses bizarres dans ce temple…

Pendant ce temps, Penpato s'était fait annoncer dans les appartements des prêtres ; le vieux Mérybastet le reçut à contrecœur. Le grand prêtre venait tout juste de célébrer l'office du soir. Il se sentait épuisé et n'aspirait qu'à un peu de tranquillité. Et voilà que ce scribe venait lui rappeler ses soucis, cette affaire si déplaisante. Le vieillard, assis sur un fauteuil pliant, fit entrer le fonctionnaire.

– Tu désires me voir ?

– Je suis ici pour te parler, en particulier. Aujourd'hui, j'ai inspecté le contenu des entrepôts avec mes assistants. J'ai découvert une nouvelle irrégularité…

Penpato garda le silence quelques instants, attendant une réaction qui ne vint pas. Le vieux prêtre se tenait droit sur son fauteuil avec l'immobilité d'une statue.

– Sept jarres de miel et huit pots d'onguents étaient remplis de sable ! Il manque cinq amphores de vin vieux, du meilleur millésime[1]...

Mérybastet sursauta.

– Combien reste-t-il de miel ? Et de vin ? Nous en avons absolument besoin pour la grande fête de la déesse, la date approche, et...

Penpato l'interrompit aussi doucement que le lui permettait sa formidable voix :

– Mérybastet, il reste une dizaine de jarres de miel, et plus de vingt amphores de vin. C'est largement suffisant ! Mais un vol a été commis, tu t'en rends compte ; hier, il manquait des objets sacrés, aujourd'hui, ce sont des provisions et des onguents... C'est pourquoi j'aimerais connaître ton avis !

---

1 Année de production du vin. Selon les années, le vin est plus ou moins bon.

– Mon avis ?

Le scribe soupira. Il avait l'impression de s'adresser à un enfant.

– Des dizaines de personnes travaillent chaque jour dans le temple, mais trois seulement peuvent utiliser ton sceau…

Le vieillard se redressa, tremblant de colère.

– Je le sais ! Moi, ma fille Néférou et Pashed, le prêtre gardien des chats, qui a toute ma confiance ! Oserais-tu insinuer que l'un de nous trois a commis ces crimes ?

Penpato se fit suppliant :

– Écoute-moi, je t'en prie ! Tu es prêtre ici depuis près de quarante ans, tu connais tout du temple, n'as-tu pas une idée de la façon dont ces objets ont pu disparaître ?

– Je ne le sais pas ! Comment le saurais-je ? Oh ! Comme tout cela est absurde !

Mérybastet se prit la tête dans les mains. Penpato, de son côté, était découragé : le vieil homme ne lui était d'aucune utilité. Il le salua et sortit. Il ne lui restait plus qu'à quitter le temple et à rejoindre Tod et les garçons qui devaient déjà être arrivés dans leurs appartements, chez le notable Kès. Après une journée pareille, un bon bain lui ferait du bien…

Dans la maison de Kès, Penpato s'était fait préparer un copieux morceau de bœuf grillé aux épices et le savourait en solitaire sur la terrasse. Hori et Ahmosé, épuisés, s'étaient contentés de quelques fruits et se reposaient dans leur chambre quand Tod entra.

– Les garçons, j'ai un travail à vous proposer: êtes-vous d'accord pour m'accompagner sur le port?

– Là, tout de suite? gémit Ahmosé.

– Bien sûr! fit Hori en sautant sur ses pieds.

– Bon, soupira son ami, j'ai compris, je vous accompagne. Qu'allons-nous faire?

– Nous allons essayer de vendre ceci!

Le Nubien entrouvrit son sac et en sortit un large bracelet de bronze doré incrusté de pierres vertes.

– Hé ! s'écria Ahmosé. Qu'est-ce que c'est que ce bijou ?

– Je l'ai emprunté à Kès, pour les besoins de l'enquête, sourit le *medjay*. Voilà ce que nous allons faire…

CHAPITRE X

Quelques minutes plus tard, Tod, vêtu d'un pagne usé, entrait dans une taverne et commandait un gobelet de vin de palme[1]. Une serveuse fatiguée s'approcha d'un air maussade avec une carafe et un bol d'oignons crus. Pour les poser sur la table, elle poussa le sac du Nubien.

– Ne touche pas mon sac ! fit Tod.

La fille le regarda, stupéfaite.

– Hé ! Calme-toi, je veux juste poser ton vin…

Des hommes, curieux, se tournèrent vers le Noir :

1 Vin populaire fabriqué à partir de sève de palmier fermentée.

– Qu'est-ce qu'il y a de si précieux dans ton sac, étranger ? railla l'un d'eux.

– Rien qui t'intéresse, répliqua Tod. Un cadeau pour ma bonne amie !

L'homme s'esclaffa : ce Noir avait de la repartie ! Tod parcourut la salle des yeux : des soldats en permission, des mariniers, et celui qui lui avait parlé… Rien de ce qu'il cherchait. Mais au fond de la pièce, quelqu'un le regardait avec insistance : un homme au visage buriné par le soleil, qui buvait, seul, un verre de bière. Tod se leva et se dirigea vers lui.

Dehors, Hori et Ahmosé commençaient à trouver le temps long. Pour donner le change, ils avaient acheté des dattes et mangeaient, en essayant d'avoir l'air aussi naturel que possible. Hori regarda par la fenêtre.

– Ça y est, Ahmosé, il parle avec quelqu'un ! Oui, c'est bon, il ouvre son sac de cuir, il doit montrer le bracelet…

– À nous de jouer maintenant !

Les garçons s'appuyèrent contre le mur et se mirent à bavarder en riant. Quand l'homme sortit de la taverne, ils attendirent un peu, puis lui emboîtèrent le pas en continuant leur conversation. De temps en temps, l'inconnu se retournait, pour vérifier que le Nubien ne le suivait pas. Mais il ne se méfia pas des deux adolescents.

L'individu s'approcha d'un bateau, sauta sur le pont et discuta avec un solide gaillard, qui visiblement passait la nuit sur le navire pour assurer sa sécurité. Les deux hommes faisaient de grands gestes et semblaient très excités. Hori était persuadé qu'ils parlaient du bijou que Tod avait montré. Enfin l'inconnu quitta le bateau et marcha jusqu'à une petite maison, qui était celle de Toutou le marin.

– Mission accomplie, murmura Hori dès que la porte fut fermée, allons rejoindre Tod !

Juste quand il finissait sa phrase, une main s'abattit sur son épaule.

– Hé ! Qu'est-ce que vous faites là, vous deux ?

C'était le grand costaud de tout à l'heure,

celui qui surveillait le bateau. Il fixa Hori d'un air menaçant.

– Nous ne faisons rien de mal ! s'écria Ahmosé d'un ton plaintif qu'Hori ne lui connaissait pas. Lâche mon ami, noble seigneur !

Malgré le danger, Hori étouffa un fou rire. Ahmosé ne reculait devant rien, « noble seigneur », à cette brute !

– Vous avez suivi mon ami depuis le bateau, je vous ai vus ! insista l'homme. Et je n'aime pas les fouineurs...

– Oui, fit le garçon, c'est vrai, nous l'avons suivi !

– Ah ! répondit l'homme, l'œil mauvais. Je le savais ! Vous allez voir...

– Ce bateau est magnifique ! coupa brusquement Ahmosé, et nous, nous rêvons tant d'être marins ! Nous avons suivi ton ami... enfin... nous aimerions bien lui proposer nos services, tu comprends ? Mais nous n'osions pas lui parler ! Crois-tu qu'il voudrait nous embaucher comme matelots ?

L'homme éclata de rire. Il trouvait l'histoire très drôle.

– Ha, ha, ha ! Avec des bras comme les tiens ? dit-il en regardant Hori. Pensez-vous qu'on fasse travailler des mauviettes ? Allez, les gamins, rentrez chez votre mère et allez vous coucher !

L'homme s'éloigna en s'esclaffant. Hori, sidéré, se tourna vers Ahmosé.

– Ahmosé ! Tu es le garçon le plus fou que je connaisse !

– Pourquoi ? fit-il, sincèrement étonné. Ça a marché, non ? Allez, viens, on va tout raconter à Tod !

Les deux amis rejoignirent le Nubien dans la maison de Kès. Le *medjay* haussa simplement les sourcils en écoutant le récit d'Ahmosé et commenta sobrement :

– Beau travail… Nous avons bien avancé. Comme je le pensais, l'homme de la taverne était intéressé par le bracelet et, grâce à vous, nous connaissons son repaire et sans doute l'un des bateaux des trafiquants. Avec un peu de chance, c'est cette bande qui se charge de revendre les objets volés dans le temple... J'en parlerai demain à Penpato !

Ahmosé bâilla.

– Tod... Nous pouvons aller dormir maintenant ?

La nuit était tombée, et avec elle s'éveillaient les animaux de l'ombre. Les tourbillons de moustiques qui infestaient Bubastis étaient partis en chasse, et dans les canaux qui entouraient le temple de Bastet des centaines de grenouilles commençaient à coasser. C'était aussi l'heure des chats : sur les terrasses des villas, sur les toits plats des entrepôts, des chats menaient la danse, et, dans les rues du port, des matous s'approchaient des tavernes éclairées où les attendait toujours un bol de morceaux de poisson. Car à Bubastis, les chats n'étaient pas affamés ni efflanqués, et aucun d'eux n'avait besoin de chaparder pour manger. Par amour pour la déesse chatte, chacun les respectait et leur donnait de la nourriture. Les mariniers et les soldats, même quand ils avaient abusé du vin de palme, prenaient bien soin de ne pas bousculer les chats qui passaient sur leur chemin.

Dans sa chambre, Pashed n'arrivait pas à trouver le sommeil. Depuis longtemps déjà il avait éteint sa torche et s'était couché sur sa natte. Dans le silence, il avait alors adressé une fervente prière à sa maîtresse Bastet : puisse-t-elle amener la paix sur le temple et dans son esprit ! Il avait fermé les yeux et tenté de dormir, mais rien n'y faisait : ses pensées obsédantes lui torturaient l'esprit comme les griffes de Sekhmet s'acharnant sur sa proie. Cette situation était insupportable… Que devait-il faire ? Parler à Mérybastet ? Non, c'était impossible, le grand prêtre était trop âgé, trop fatigué, il ne comprendrait pas. Pourtant, il ne pouvait pas rester inactif en attendant que Penpato termine sa mission : ce serait une catastrophe ! Non, se taire était la pire des solutions ! Et la plus dangereuse.

Le gardien des chats soupira, excédé, et se dressa sur sa couche : puisqu'il ne dormait pas, autant se lever et agir. À la lueur de la lune, il prit un manteau de lin posé sur une banquette et s'en enveloppa. Il alluma une lampe de terre cuite, sortit de sa chambre et se dirigea vers la maison des Chats.

CHAPITRE XI

Le lendemain matin, quand Penpato, Tod, Hori et Ahmosé se rendirent au temple pour poursuivre leur mission, ils trouvèrent le domaine de Bastet dans un état de désolation. Avant même d'atteindre le temple, ils entendirent des cris et des gémissements, et virent des silhouettes qui couraient éperdument dans tous les sens.

Penpato se figea.

– Il est arrivé quelque chose !

Tod et les garçons, sans se concerter, se mirent à courir, tandis que Penpato pressait le pas. Une foule affolée se tenait devant l'entrée, et les gardes chargés de la protéger avaient du mal à maîtriser la situation.

– Que se passe-t-il? fit Tod. Nous devons entrer, nous sommes en mission pour inspecter le temple!

Un garde lui lança un regard effrayé:

– Le chat sacré a disparu!

Pashed était effondré. La tête entre les mains, le gros prêtre pleurait sans retenue. Autour de lui se tenaient Néférou, livide et drapée dans un grand châle blanc, Penpato, Tod, Hori et Ahmosé. Celui-ci avait sorti son matériel, prêt à noter ce que dirait le gardien des chats.

– Que s'est-il passé? interrogea Penpato.

– Cette nuit, je… je n'arrivais pas à dormir, balbutia Pashed. Je suis sorti pour… pour faire quelques pas.

– En pleine nuit? demanda Néférou, stupéfaite.

– Je ne me sentais pas très bien! Je… je voulais vérifier que Miou était là. C'est alors que j'ai vu que la porte de la maison des Chats était ouverte ! Je la ferme toujours pourtant le soir avant de me coucher.

– Es-tu sûr que tu l'avais fermée hier soir ? fit la voix grave de Penpato.

– Oui ! s'écria le prêtre. J'en suis persuadé ! Je la ferme toujours, comme je l'ai dit.

– Et après ? Qu'as-tu fait ? poursuivit le scribe enquêteur.

– J'ai pris ma lampe et j'ai cherché dans les jardins. J'espérais la trouver ! Je l'ai appelée, rien ! Puis je me suis rendu à l'évidence : Miou avait été enlevée !

– En es-tu sûr ? s'étonna le scribe. Rien ne le prouve ! Un serviteur a pu ouvrir la porte, et Miou se sera échappée ? Elle va revenir…

– Je vais faire interroger les serviteurs, trancha Néférou. Veux-tu m'accompagner, Penpato ?

– Oui ! J'aurais préféré que la nouvelle ne s'ébruite pas aussi vite ! Comment se fait-il que cette foule soit déjà au courant ?

Pashed leva la tête :

– Tous les matins, les citadins ont l'habitude de porter une offrande à Miou, et ils demandent à la voir. Parfois, elle est quelque part dans les jardins, mais elle sait qu'on l'attend, et en général elle apparaît très vite. Les gens ont patienté un moment, puis ils se sont inquiétés, ont bousculé les gardes et ont posé des questions.

Hori soupira. Décidément, il avait du mal à comprendre ces gens : pourquoi un chat n'aurait-il pas le droit de disparaître quelque temps pour chasser les souris si l'envie lui en prenait ? Toute cette agitation lui semblait un peu ridicule...

– Tu n'aurais pas dû le leur dire, Pashed, lui reprocha Néférou. Tu as commis une faute !

Le gardien des chats releva la tête et retrouva sa dignité habituelle.

– Je le sais, Néférou. Je suis responsable de Miou, c'est entièrement ma faute. As-tu... as-tu prévenu le grand prêtre ?

La jeune femme crispa les lèvres. Un pli amer déforma sa bouche fine.

– Oui… Inutile de te préciser qu'il est bouleversé ! Il a quand même tenu à célébrer l'office du matin. Tous ces soucis sont épuisants pour lui !

Penpato prit les devants :

– Viens, Néférou, allons interroger les serviteurs. Hori et Ahmosé, je vous ferai appeler si l'un d'eux a quelque chose à nous apprendre !

Tamit arriva en courant, affolée.

– Je viens d'apprendre que Miou a disparu ! s'émut la jeune fille. Est-ce que je peux voir Pashed ?

Tod l'invita à entrer et il sortit, suivi par Hori et Ahmosé. Ils se mirent un peu à l'écart pour pouvoir discuter tranquillement.

– Que penses-tu de tout cela, Tod ? demanda Hori.

Le Nubien fit la moue :

– Il est trop tôt à mon avis pour conclure que la disparition du chat est anormale.

– Évidemment ! approuva Ahmosé en détachant Didi. Il est peut-être perché en haut d'un sycomore, ou dans un grenier en train de chasser des souris… Le domaine est immense, il y a des tas de cachettes là-dedans !

– Et pour les vols ? insista Hori en regardant Tod. Trois personnes seulement peuvent toucher au sceau : Mérybastet, Néférou et Pashed…

– Je ne sais pas si l'un des trois est un voleur, mais, à mon avis, les disparitions de biens du temple ne datent pas d'hier. Quand j'ai rencontré le chef de la police, il a fini par me dire qu'un homme avait été arrêté il y a plusieurs semaines, avec, dans son bateau, des amphores de vin volé. D'où venait ce vin ? Peut-être du temple ? L'enquête est toujours en cours ; la police d'ici n'est pas très efficace !

– Il y a une chose que tu dois savoir à propos de Mérybastet, poursuivit Hori. Il est très vieux et il perd la mémoire…

Il raconta à Tod ce que Tamit lui avait confié.

– C'est intéressant… fit le Nubien. Ça pourrait expliquer des choses : soit il a pris des objets sacrés et il ne s'en souvient plus, soit il n'est plus capable de vérifier que le temple est bien administré, et d'autres peuvent en profiter.

– Néférou par exemple ! s'exclama Ahmosé. Mérybastet est son père, elle peut obtenir de lui ce qu'elle veut !

– Mais elle a l'air de lui être très attachée, protesta Hori. Elle se fait du souci pour lui, ça se voit.

– Et Pashed ? interrogea Ahmosé. Il n'est pas de la famille, lui. Il aurait pu se servir dans la salle du trésor.

– Crois-tu qu'il aurait aussi enlevé Miou et joué la comédie tout à l'heure ? questionna Hori.

Tod leur fit signe de se taire : Tamit s'approchait d'eux, très émue.

– Pashed est bouleversé, dit-elle. Il va aller au temple pour prier la déesse et l'implorer de nous rendre le chat sacré !

– Pourquoi est-il persuadé que Miou a été enlevée ? demanda Hori, intrigué.

La jeune fille fronça les sourcils.

– Je ne sais pas, je suppose qu'il le sent ! Il y a entre eux un lien particulier, difficile à comprendre. Il sait toujours où se trouve Miou, et j'ai l'impression qu'elle lui obéit pour les choses importantes. C'est assez étrange…

– Il est consacré à Bastet et elle aussi, se contenta d'ajouter Tod. Tu aimes beaucoup ce prêtre, Tamit, non ?

– Oui ! Il a toujours été bon pour moi, depuis le premier jour !

– Tu ne penses pas que c'est Pashed qui aurait pu prendre les vases et la statue dans la salle du trésor ? poursuivit le Nubien.

La réponse fut rapide :

– Je n'ai jamais rien entendu d'aussi stupide ! Croyez-moi, Pashed est innocent ! D'ailleurs, il suffit de le voir…

Piquée au vif, la jeune fille tourna les talons et partit.

– Au moins, c'est clair ! sourit Hori.

Tamit était furieuse contre Tod : soupçonner Pashed, c'était absurde ! Pour se calmer, elle marchait à grands pas ; elle avait encore quelques instants devant elle avant son prochain cours de danse. Machinalement, elle se dirigea vers les jardins. Le silence et le chant des oiseaux étaient un excellent remède à sa colère. Au détour d'une allée, elle aperçut Yénen. Tamit n'appréciait guère sa compagnie mais elle ne pouvait l'éviter.

– Bonjour !

L'homme sursauta, comme s'il était pris en faute. Soudain Tamit se rappela qu'Hori et Ahmosé l'avaient vu en ville, l'autre soir. Yénen aurait-il un secret ? La jeune fille fit mine de s'éloigner, puis elle se cacha derrière un bosquet de papyrus et observa : le Libyen avait un comportement bizarre. Il venait de creuser un trou dans un massif avec ses outils de jardinier, mais ce n'était pas pour y mettre une plante. Il regarda autour de lui pour s'assurer que personne ne le voyait, puis il sortit de son sac une sorte de chiffon et l'enterra rapidement. Tamit mit sa main sur la bouche pour ne pas crier : le tissu était ensanglanté !

Néférou n'en pouvait plus. Elle piaffait d'impatience. Assise aux côtés de Penpato, cet homme qu'elle détestait depuis le début, elle avait vu défiler les dizaines de serviteurs qui travaillaient pour le temple et les avait interrogés. Comme on pouvait s'y attendre, aucun d'eux n'avait rien vu, rien entendu, et personne ne s'était approché de la maison des Chats cette nuit. Dès que l'interrogatoire fut terminé, elle se leva et sortit précipitamment. Penpato la regarda s'éloigner, étonné : « Cette jeune femme a l'air à bout de nerfs, se dit-il. Elle est pâle et fatiguée. Et pourquoi garde-t-elle ce châle alors que le soleil est déjà chaud ? Est-elle malade ? »

Néférou, en passant devant la salle de l'école de danse, ralentit le pas et jeta un coup d'œil par la fenêtre : les jeunes filles apprenaient des figures nouvelles. Deux par deux, elles évoluaient avec grâce, accompagnées des musiciennes qui jouaient de la flûte et des claquoirs[1]. Elles avaient coiffé leurs longs cheveux en plusieurs nattes, et avaient attaché à chacune d'elles un petit disque en métal poli, qui brillait quand elles bougeaient. La prêtresse s'arrêta un instant et sourit en contemplant le spectacle : concentrées sur leur travail, les danseuses ne la voyaient pas. Néférou avait toujours aimé la danse et elle exerçait sa charge de maîtresse des danseuses avec grand plaisir. Soudain, les musiciennes accélérèrent le rythme ; deux jeunes filles se mirent au centre du groupe et se lancèrent dans une figure acrobatique. Renversées en arrière jusqu'à ce que leurs mains reposent sur le sol, leurs corps formaient un

1 Sorte de castagnettes faites de deux plaquettes de bois, d'ivoire ou d'os.

arc parfait. Autour d'elles, leurs camarades battaient des mains en rythme pour encourager leurs efforts. Enfin, les deux danseuses se redressèrent et tournèrent sur elles-mêmes en levant les bras vers le ciel. La prêtresse retint son souffle : que c'était beau ! La grande fête de Bastet allait être magnifique cette année, avec ces nouvelles danseuses thébaines.

Pourquoi le malheur avait-il frappé ? Si tout était resté comme avant, comme elle aurait été heureuse en ce moment... La gorge nouée par l'émotion, Néférou serra son châle contre elle et partit rejoindre son père.

Dans la cité de Bubastis, la nouvelle s'était répandue à la vitesse d'un cheval au galop. Le chat de Bastet avait disparu, la déesse allait-elle abandonner la ville ? Ou pire, allait-elle laisser éclater sa colère sous la forme de la lionne Sekhmet? Du simple ouvrier au haut fonctionnaire, on ne parlait plus que de ça. Dans les ateliers et sur les chantiers, des discussions passionnées interrompaient le travail, et, dans le secret des maisons, les enfants et les vieillards apportaient des offrandes à la statue de la déesse en la suppliant d'être bienveillante.

Dès qu'il avait remis le pied sur la terre ferme, le contremaître Antef avait compris qu'il se passait quelque chose d'inhabituel. Pour rendre service à son vieil ami Tod, il avait fait l'aller-retour de Bubastis à Pi-Ramsès en bateau en un temps record, et il portait dans sa sacoche la précieuse réponse que lui avait donnée le secrétaire du vizir, Ani. À son retour, il retrouvait la cité en pleine effervescence. Sur les quais, les hommes discutaient par petits groupes au lieu de travailler, et une femme se lamentait bruyamment en s'arrachant les cheveux par poignées.

Serait-il arrivé malheur à Pharaon? Antef interpella un docker sur les quais et apprit la disparition de Miou. L'affaire était-elle en rapport avec la mission de Tod ? Il l'ignorait, mais il valait mieux ne pas traîner. Antef se dirigea d'un pas rapide vers le temple de Bastet.

CHAPITRE XII

Penpato, toujours soucieux de bien se nourrir, avait demandé à déjeuner. Les serviteurs du temple l'avaient installé dans une salle de la maison des Prêtres, en compagnie d'Hori, Ahmosé et Tod. Assis sur des tabourets de bois, ils s'étaient lavé les mains, et Tod avait attendu le départ des serviteurs pour questionner le scribe inspecteur :

– Qu'as-tu l'intention de faire ? Le soleil est haut dans le ciel et le chat sacré n'a pas été retrouvé.

Penpato prit le temps de terminer la part de ragoût de cailles aux fèves qu'il avait attaquée avec enthousiasme.

– Je vais être obligé de faire appel au chef

de la police locale. Cette affaire dépasse le cadre de ma mission.

Tod, mécontent, baissa la tête ; il détestait qu'on lui retire une affaire, et, de plus, il n'était pas convaincu de l'efficacité de Kenro, le chef de la police.

– C'est peut-être fait exprès… avança Hori.

Tod regarda le garçon. Hori, pensif, déchiquetait un morceau de pain de ses doigts bruns, l'air ailleurs.

– Que veux-tu dire, Hori ? fit le *medjay*.

– À quoi peut servir la disparition de Miou, sinon à nous empêcher de continuer notre enquête, et à faire intervenir la police de Bubastis. On l'a probablement enlevée pour ça, pour que nous ne nous occupions plus de notre mission !

Un silence plana, interrompu seulement par le bruit de Didi qui crachait des noyaux de dattes par terre. Penpato fronça les sourcils et observa son apprenti : décidément ce garçon surprenant avait l'imagination fertile.

– C'est possible, mon garçon, mais je n'ai pas le choix : enquêter sur la disparition d'un animal sacré n'est pas dans mes compétences.

C'est alors qu'un serviteur fit entrer Antef. Tod se leva et l'accueillit comme il le méritait.

– Tu as fait vite ! As-tu rencontré Ani ?

– Oui, et voici la réponse du vizir.

Penpato prit le rouleau de papyrus des mains du contremaître, brisa le sceau qui le fermait et lut. Son visage s'éclaira.

– Voilà qui nous facilite les choses. Le vizir m'a accordé les pleins pouvoirs pour enquêter sur tout ce que je pourrai découvrir d'anormal au temple de Bastet !

– Ça concerne aussi la disparition de Miou ? s'écria Hori.

– Évidemment ! fit Penpato.

Tod regarda le scribe enquêteur avec un sourire complice.

– Même si le vizir n'était pas au courant de la disparition du chat quand il t'a donné cet ordre de mission. Tu prends des risques, Penpato !

Le scribe ne répondit rien, mais son œil pétillait de malice. Il prit un gâteau aux graines de caroube et le tendit à Antef.

– Mange donc ceci, c'est excellent !

L'homme remercia Penpato. Il s'apprêtait à partager le copieux repas préparé par les cuisiniers du temple, quand Néférou entra dans la pièce, hors d'haleine :

– Venez vite, c'est très grave ! On a retrouvé l'un des deux vases volés !

– Où ça ? demanda Penpato.

– Dans la chambre de Pashed…

Une incroyable confusion suivit l'arrivée de Néférou. Penpato, oubliant son repas, se leva d'un bond et suivit la prêtresse jusqu'à la maison de Pashed. Une servante surexcitée noyait tout le monde sous un flot de paroles, tandis que le vieux Mérybastet, rouge de colère et appuyé sur une canne, protestait de l'innocence du gardien des chats. Quant à Pashed lui-même, il semblait ailleurs ; déjà bouleversé par la disparition de Miou, il n'avait plus l'énergie nécessaire pour se défendre. Hori remarqua que Tod avait sorti ses armes et avait appelé à son aide les gardes postés à l'entrée du domaine : l'ambiance devenait pénible.

Penpato, de sa voix tonitruante, fit taire tout le monde :

– Silence ! Que l'on me raconte ce qui s'est passé !

Néférou répondit :

– La servante que tu vois là est entrée chez Pashed ce matin pour y faire le ménage, comme d'habitude. Elle y a trouvé… ceci !

La prêtresse désigna un objet posé sur un guéridon. C'était un vase splendide, en or, avec une anse en forme de bouquetin. « L'orfèvre qui a fait ce chef-d'œuvre devait être un maître ! » songea Hori, admiratif.

– C'est bien l'un des vases disparus, approuva Penpato. Où était-il ?

La servante n'attendait qu'une occasion pour se remettre à parler :

– Il était dans le coffre à vêtements ! En entrant, j'ai vu tout de suite que le couvercle était mal fermé ; c'est étonnant parce que le seigneur Pashed prend grand soin de ses affaires. Je me suis approchée, j'ai essayé de rabattre le couvercle, quelque chose coinçait, et j'ai vu le vase doré ! Je suis tout de suite allée voir la prêtresse, et...

Le scribe l'interrompit :

– Je te remercie pour ton témoignage ! Pashed, qu'as-tu à répondre à cela ?

Le prêtre le regarda. Il avait l'air résigné de celui qui refuse de se battre.

– Je n'ai pas pris ce vase et j'ignore complètement ce qu'il faisait chez moi. C'est tout ce que je peux te dire !

Penpato s'adressa au *medjay* :

– Tod, arrête cet homme et fais-le placer sous bonne garde !

C'est alors que Tamit entra, hors d'haleine.

– Regardez ce que je viens de trouver !

La jeune fille jeta sur le sol une pièce de tissu ; on y voyait des traces de terre mais surtout des taches de sang.

– Du sang ! s'écria Mérybastet. Pourvu qu'il ne soit pas arrivé malheur au chat sacré !

– Où as-tu découvert ceci ? coupa Tod.

– J'ai vu Yénen l'enterrer dans le jardin !

Tod sortit en courant tandis que Pashed, plus abattu que jamais, cachait son visage entre ses mains. Le policier revint bientôt, tenant d'une main ferme le jardinier libyen terrorisé.

– Je n'ai rien fait ! Je le jure !

– Comment expliques-tu cela, alors ? demanda Tod en brandissant le tissu sous le nez du malheureux.

– J'ai trouvé ça dans le petit kiosque, ce matin, où je range mes outils de jardinier ! J'ai eu peur d'être accusé et j'ai voulu le cacher ! Je suis innocent, je le jure !

– Il ment ! tonna Mérybastet. Les Libyens

mentent comme ils respirent ! Qu'as-tu fait au chat, misérable ?

– Et que faisais-tu en ville, hier soir ? hasarda Hori.

Néférou sursauta :

– Comment ça ?! Yénen est sorti du domaine ? Qui l'a permis ?

– Moi ! souffla Pashed de sa voix lasse.

Dans un silence stupéfait, le vieux gardien des chats regarda le jardinier.

– Il vaut mieux tout leur avouer, Yénen, crois-moi !

Le Libyen baissa la tête, et Pashed poursuivit :

– Yénen est arrivé dans ce temple, il y a plusieurs mois, comme prisonnier de guerre. Il a été affecté aux travaux du jardin et j'ai remarqué que c'était un homme travailleur et sérieux. Peu à peu, il s'est ouvert à moi, et j'ai gagné sa confiance. Il m'a parlé d'une jeune femme, une citadine, qui venait régulièrement nourrir les chats…

Malgré l'ambiance tendue, le prêtre sourit :

– Cette jeune femme est d'origine libyenne, elle l'a remarqué, ils se sont rencontrés, faut-il vous en dire plus ? J'ai autorisé Yénen à passer la soirée en ville de temps en temps, avec elle. J'ai toute confiance en lui, et je suis persuadé qu'il n'est pour rien dans la disparition de Miou ni, évidemment, dans les vols !

Tod regarda Penpato, le scribe était aussi perplexe que lui. Le *medjay* s'approcha de Pashed.

– Je crois que nous n'avons pas le choix. Prêtre Pashed, je t'arrête, et toi aussi, Yénen !

Ignorant les protestations de Mérybastet, le *medjay* emmena le gardien des chats et le jardinier libyen.

Après cette arrestation mouvementée, les trois amis s'étaient isolés dans les jardins du temple.

– Je ne comprends pas ce qui se passe, murmura Tamit, les sourcils froncés. Pashed n'est pas coupable, j'en suis certaine ! Ce vase trouvé dans ses affaires, c'est sûrement un coup monté…

– Calme-toi, dit Hori en voulant la réconforter.

Mais la jeune fille bondit et s'écria :

– Mon cours de danse ! Je l'ai complètement oublié… Il faut que j'y aille, sinon Néférou sera furieuse ! Je vous laisse, on se retrouvera ce soir !

Après le départ de la jeune fille, Ahmosé se tourna vers Hori :

– Qu'en penses-tu, toi ? Tu crois que Pashed est coupable ?

Hori hésita :

– On le dirait bien… Mais je suis convaincu d'une chose : même si Pashed est un voleur, jamais il ne s'en serait pris au chat sacré !

Les deux amis marchaient en silence ; soudain, devant eux, un jeune chat surgit d'un buisson et se retrouva, à sa grande surprise, juste devant Didi. Le singe s'immobilisa et cria ; le chaton fit un bond en voyant le singe vert, puis il partit sans demander son reste. La frayeur des deux petites bêtes était franchement comique.

Ahmosé éclata de rire :

– On se demande lequel des deux a eu le plus peur !

Mais Hori le fit taire d'un geste de la main et lui montra quelque chose : à quatre pattes sur l'allée de sable, Didi, très excité, reniflait fébrilement le sol, comme s'il voulait trouver l'odeur du chat qui l'avait effrayé.

– Ahmosé ! lança le garçon. Je sais ce qu'on va faire ! Penpato et Tod sont occupés, on a enfin un peu de liberté. On va chercher le chat sacré !

– Mais Pashed a déjà fouillé partout !

– On va utiliser Didi ! Il va sentir la piste de Miou, et nous le suivrons, comme si c'était un babouin policier[1] !

Ahmosé posa la main sur l'épaule de son ami.

– C'est une idée géniale ! Je te suis !

---

1 Certains babouins étaient dressés et aidaient les policiers à attraper les malfaiteurs.

CHAPITRE XIII

Enthousiasmés par l'idée d'Hori, les deux amis avaient couru jusqu'à la maison des Chats, Didi perché sur l'épaule d'Ahmosé. La pièce, où dormait Miou d'habitude, était déserte, personne ne s'était occupé de la ranger ou d'en fermer la porte. Un bol de lait séché par le soleil traînait sur le seuil.

– Bien, fit Hori, on va être tranquilles ! Viens, Didi…

Ahmosé prit dans ses mains la petite bête et la posa sur le sol. Hori caressa la douce fourrure gris-vert du singe et lui gratouilla le menton.

– Didi, nous avons besoin de toi ! C'est important !

– Oui, ajouta Ahmosé, et si tu nous aides, je te donnerai une double ration de grenades !

Didi bondit sur les genoux d'Ahmosé.

– Il a compris ! triompha son maître.

Hori prit l'un des coussins qui jonchaient le sol et il l'approcha du museau noir de Didi.

– Tiens, Didi, sens ! C'est l'odeur de Miou, il faut la retrouver…

Le singe, très excité, saisit le coussin et le tourna dans tous les sens en le flairant. Puis il fila vers le jardin.

– Attends-nous ! fit Ahmosé.

Il partit à sa suite pendant qu'Hori, par précaution, déchirait un petit morceau du coussin et le rangeait dans le sachet de cuir qu'il portait au cou. Didi aurait peut-être besoin de se rafraîchir la mémoire.

Le singe semblait sûr de lui ; il s'engagea dans l'allée principale qui passait devant le grand pylône et courut vers la sortie du temple.

– Dépêche-toi, Hori !

Les garçons, courant derrière Didi, passèrent la porte d'entrée devant les gardes stupéfaits. Ils suivirent l'animal sur le chemin bordé de canaux qui reliait le temple à la ville, puis ils arrivèrent dans les quartiers résidentiels. De jolies villas peintes en blanc voisinaient avec des bâtisses plus modestes ; sur le seuil, des femmes discutaient, alors que leurs enfants jouaient sur la chaussée. Un peu partout, des animaux se mêlaient aux hommes : des chats se prélassaient au soleil, des oies marchaient en groupe, la tête haute. Didi s'immobilisa, perplexe.

– Il a perdu la piste ! dit Ahmosé.

– Tiens, fit Hori en sortant le morceau de coussin.

Le singe le renifla, se leva et disparut dans une ruelle. Là, les maisons étaient plus petites. Des branches de palmiers étaient posées sur les toits, d'un côté à l'autre de la rue, pour faire de l'ombre et donner de la fraîcheur aux habitants. Didi s'arrêta devant une sorte d'entrepôt désaffecté, au bout de la voie. L'animal tira sur le pagne d'Ahmosé comme pour lui faire comprendre qu'il fallait entrer ; le garçon poussa la porte, avec précaution. L'endroit était désert. Des restes de jarres brisées et des détritus jonchaient le sol. À l'étage, les silos à grains étaient encore intacts.

– C'est un grenier abandonné, murmura Ahmosé. Il n'y a rien là-dedans.

– Chut ! Écoute ! J'entends une sorte de grattement…

Les deux amis se turent ; en effet, on entendait un bruit grinçant, étouffé. Didi gravit les marches grossières qui menaient à l'étage. Penché sur l'un des trous où on déversait les céréales, il se mit à gémir.

– Par les démons ! fit Hori. C'est Miou ! Elle est enfermée dans un silo !

Les adolescents grimpèrent quatre à quatre les escaliers et s'accroupirent devant le trou. Malgré l'obscurité, la fine silhouette de Miou était bien visible. Affolée, la chatte tournait en rond dans le silo vide en miaulant désespérément.

– Il faut la sortir de là ! cria Ahmosé.

– Oui, mais comment ? Elle est plusieurs coudées[1] en dessous de nous !

– Et le trou est trop étroit pour que l'un de nous y entre ! constata Ahmosé. De toute façon, même si on y entrait, on ne pourrait plus remonter !

Mais les garçons durent faire face à un autre problème : Didi se mit à hurler sans retenue, et Miou, découvrant la présence du petit singe au-dessus de sa tête, se tapit dans un coin du silo en crachant de colère. Les deux animaux, furieux, faisaient un tapage infernal.

– Il faut les calmer, cria Hori, sinon tout le quartier va nous entendre. Écoute, prends Didi avec toi et va chercher Tod ! Explique-lui la situation, il saura nous aider à sortir Miou de ce trou !

Ahmosé hésitait :

---

1 Deux coudées font environ un mètre.

– Tu crois que c'est prudent de te laisser seul ici ?

Didi cria de plus belle. Hori grimaça :

– On n'a guère le choix ! Laisse-moi quand même la laisse de Didi pour attacher Miou au cas où je réussirai à la sortir de là.

Ahmosé partit, Didi dans ses bras. Une fois qu'elle n'entendit plus les cris du petit singe, Miou commença à s'apaiser. Hori, couché à plat ventre sur le toit du silo, lui parlait doucement. Quand la chatte fut calmée, le garçon observa les lieux et réfléchit. Sur les parois du silo, presque au niveau du sol, se trouvaient des trappes fermées par des volets de bois. C'est par là qu'on récupérait les céréales stockées à l'intérieur. Dans la panique, ni lui ni Ahmosé ne les avait vues. S'il en ouvrait une, Miou pourrait s'échapper…

Le jeune scribe s'approcha d'une trappe. Le bois avait travaillé et le battant était presque coincé, mais il arriva à l'ouvrir.

– Miou ? Viens, ma belle, viens…

– Est-ce ainsi qu'on parle à un animal sacré ? fit une voix ironique derrière son dos.

Hori sursauta et se retourna. Il le reconnaissait : c'était Djedi, l'homme qu'il avait affronté quelque temps plus tôt, lors d'un trafic d'objets sacrés dans la vallée des Reines !

L'homme sombre avait fermé la porte derrière lui et croisait les bras, un sourire narquois aux lèvres.

– Djedi, ici… souffla Hori. Ce n'est pas possible !

– Oui, Djedi ! C'est bien moi ! Enfin je te retrouve…

Hori ne répondit pas. Il s'était souvent demandé si l'homme sombre avait survécu au naufrage qui avait précipité son bateau dans les eaux du Nil, mais de là à le revoir à Bubastis… C'était inimaginable !

– Comme tu le sais, j'ai tout perdu, les merveilleuses richesses que j'avais arrachées aux tombeaux des rois sont au fond du fleuve. Mais je suis plein de ressources : j'ai refait ma vie ici, à l'autre bout du pays; je travaille même pour le temple!

– C'est toi qui as volé les vases, la statue, et les provisions?

– Me crois-tu assez stupide pour agir moi-même? Décidément, tu es bien tel que je m'en souvenais: un gamin fouineur et prétentieux! Mais les dieux me font un beau cadeau aujourd'hui, un cadeau magnifique, inespéré!

Hori frémit, ce brigand était capable de tout! Soudain, il entendit un petit bruit derrière lui: Miou avait réussi à quitter sa prison en sautant sur le sol de terre battue. Djedi la vit et sourit:

– Je vais enfin pouvoir me venger et me débarrasser de toi! Grâce à ce chat...

Il sortit dans la rue et cria:

– Merveille! Remercions les dieux! Je viens de retrouver le chat sacré!

Figé de stupeur, Hori entendit aussitôt arriver les premiers citadins. En transe, les bras levés vers le ciel, ils se prosternaient devant Miou en remerciant Bastet par de bruyantes démonstrations de joie. Le garçon tenta de sortir du grenier quand la voix impérieuse de Djedi le cloua sur place :

– Toi ! Ne bouge pas ! Habitants de Bubastis, voilà le voleur, le misérable qui a enlevé le chat de la déesse !

– Quoi ? protesta Hori. Mais c'est faux ! C'est lui qui a enlevé Miou, c'est Djedi, c'est un voleur et un assassin !

– Tu oses m'insulter ? Je suis Ounamon, interprète des rêves au temple de Bastet !

– Non ! Il ment !

Mais la voix de l'adolescent fut couverte par un concert de protestations.

Une femme hurla :

– Le garçon ment ! Cet homme travaille au temple, je l'ai déjà vu lorsque j'apportais des offrandes à Bastet !

– Ce garçon est un sacrilège ! siffla son voisin. Il ne mérite que la mort !

– Oui, la mort !

La foule furieuse s'approchait d'Hori en le menaçant du poing. Le jeune scribe reculait pour l'éviter, la pièce était presque envahie de monde. Que faire ? Il essayait de clamer son innocence, d'expliquer que le malfaiteur, c'était l'autre, l'homme sombre, mais les gens hurlaient si fort que nul ne l'entendait. Hori commença à paniquer : si ça continuait ainsi, il était perdu !

C'est alors qu'un événement extraordinaire se produisit : Miou se mit devant lui et cracha de colère en direction de la foule. Une vieille femme fut la première à dire :

– Regardez ! Le chat de Bastet ! Il protège le garçon !

Aussitôt, tout le monde se tut et chacun put constater le phénomène : le chat sacré, debout entre la foule et Hori, les défiait du regard. Un à un, les Bubastites reculèrent, hésitants ; soudain, un claquement de fouet déchira le silence : c'était Tod qui tentait de disperser la foule.

Le *medjay* ordonna :

– Écartez-vous ! Et laissez ce garçon !

– Tod ! le prévint Hori. Il faut arrêter Djedi ! Il est là…

Le policier se figea.

– Djedi ? Où est-il ?

Hori regarda autour de lui, en vain. Profitant de la panique, le bandit, une fois de plus, avait disparu !

CHAPITRE XIV

– Ça va, Hori ?

Tamit, Ahmosé et Tod entouraient le jeune scribe, inquiets. Derrière eux, Penpato, silencieux, observait la scène. Hori, très pâle, était assis par terre et buvait un gobelet d'eau fraîche.

– Oui, ça va mieux, merci !

– Tu reviens de loin, murmura Tod.

Le *medjay*, fouet à la main, avait reconduit Hori et Miou au temple de Bastet. La foule les avait suivis jusqu'à l'entrée du domaine. Était-ce par joie de retrouver le chat sacré, ou par méfiance, pour s'assurer que le policier noir et le garçon emmenaient bien Miou chez elle ? Nul ne le saurait jamais.

– Heureusement qu'Ahmosé a été rapide, dit le Nubien. Je suis parti dès qu'il m'a prévenu.

Hori frissonna. Il se rappelait les insultes qu'on lui avait lancées, les poings menaçants, les visages déformés par la haine... Ils auraient été capables de le tuer si Miou...

– Miou a été merveilleuse, dit-il, la voix étranglée par l'émotion. Je commence à comprendre pourquoi Pashed lui est si attaché !

– Elle est dans la maison des Chats à présent, fit Tamit. Tout le monde veut la voir !

– Hori, intervint Penpato, explique-nous ce qui s'est passé !

Le garçon raconta. Didi sur les traces de Miou, la stupéfiante rencontre avec Djedi, et la ruse diabolique utilisée par le bandit pour se venger de lui. Ahmosé et Tamit, abasourdis, poussaient des cris de surprise, mais Penpato demeurait impassible.

– J'ai entendu parler de ce Djedi, à l'époque où les pillages de tombes avaient été découverts. Ainsi il serait mêlé à la disparition des objets sacrés…

– Il a un complice ici, c'est évident ! dit Tod. Mais qui ?

– Cet homme serait interprète des rêves ici même ? poursuivit Penpato, choqué, sans entendre les remarques de Tod. Quelle audace ! Nous devons immédiatement interroger Mérybastet à ce sujet. Tod, viens avec moi !

– Et nous ? demanda Hori.

Le scribe inspecteur sourit :

– Je pense que tu as suffisamment travaillé pour aujourd'hui ! Repose-toi, et toi, Ahmosé, reste avec lui…

Après le départ de Tod et Penpato, Hori se leva.

– J'aimerais bien prendre un peu l'air, maintenant. Vous entendez cette musique ? Qu'est-ce qui se passe dehors ?

Les trois amis sortirent de la pièce où ils étaient installés : dans les allées qui longeaient le temple, une foule joyeuse s'était rassemblée. Danseuses, chanteuses, prêtres et même des serviteurs, délaissant pour un temps leur ouvrage, tous s'étaient réunis pour fêter dans la joie le retour du chat sacré. Les musiciennes jouaient de la flûte et du tambourin, et des jeunes filles improvisaient une danse.

– Bastet! Bastet! scandait la foule.

Hori observait tous ces visages illuminés par la joie. Quelle différence avec les cris haineux de tout à l'heure! Pourtant, il ne parvenait pas à se détendre: l'homme sombre s'était échappé, une fois de plus, mais cela n'expliquait pas son malaise. L'apprenti scribe éprouvait une sensation bizarre, quelque chose lui échappait, quelque chose qu'il aurait dû savoir. Un détail... Il avait l'impression qu'il avait oublié un détail important, mais lequel?

Un jeune prêtre, soudain, se dirigea vers les garçons et prit les mains d'Hori entre les siennes.

– J'ai appris que c'est toi qui as retrouvé le chat sacré! Nous sommes tous si heureux que

Miou soit revenue, saine et sauve ! Merci ! Je prierai pour que Bastet te bénisse !

Hori n'entendit pas la suite, il était sous le choc. « Saine et sauve »... Miou... le détail troublant... c'était ça, bien sûr ! Il regarda ses amis :

– Je crois que je sais qui est le complice de Djedi !

Ahmosé et Tamit, hors d'haleine, suivaient Hori qui courait vers la maison des Prêtres.

– Mais explique-nous, Hori !

– La chatte... quand je l'ai retrouvée, elle était saine et sauve, comme l'a dit le prêtre. Et ça veut dire que le tissu que Yénen a enterré...

– Les traces de sang ! s'écria Ahmosé. Elles ne venaient pas de Miou ?

– Non, répliqua Hori. Ce sang... C'est celui du complice de Djedi ! Il s'est blessé, et nous allons le démasquer grâce à ça !

Les garçons, arrivés devant la salle de réception de la maison des Prêtres, jetèrent un coup d'œil par la fenêtre. Mérybastet, assis sur un fauteuil, était en grande conversation avec Penpato, tandis que Néférou, les lèvres serrées, se tenait derrière lui. Devant la porte, Tod veillait.

– Tod, je dois entrer, c'est très important, supplia Hori.

– C'est impossible, Hori, fit le Nubien. Penpato a donné des ordres formels.

– Soit, j'attendrai ici.

Mérybastet fut le premier à sortir ; soutenu par sa fille, le vieil homme avait l'air hébété. À son passage, Hori se baissa, comme pour le saluer, puis il chancela et tomba en bousculant Néférou, emportant dans sa chute une pièce de tissu blanc.

La jeune femme poussa un cri :

– Mon châle !

Elle se pencha vers Hori qui tenait dans ses mains le châle qu'elle n'avait pas quitté depuis le matin. Le garçon, subjugué, fixait l'épaule gauche de la prêtresse : juste sous le tatouage de chat, sa peau était labourée par une profonde griffure. La marque de Miou…

– Tod, maître Penpato, regardez…

– Comment t'es-tu fait ça ? demanda le scribe.

La jeune femme leva vers lui des yeux suppliants :

– Je vais tout te dire. Mais je t'en prie, laisse-moi d'abord amener mon père jusqu'à sa chambre…

Néférou s'était effondrée ; après avoir laissé aux soins d'une servante le vieux Mérybastet, épuisé, elle avait tout avoué.

– Oui, c'est moi qui ai pris des objets dans la salle du trésor. J'avais fait copier le sceau que mon père me confiait…

– Et le miel, et tout le reste ?

– C'est moi aussi…

– Mais pourquoi ? fit Hori. Cela ne pouvait qu'attirer des ennuis à ton père !

La jeune femme se redressa, désespérée :

– Je n'avais pas le choix ! C'est arrivé à cause de l'interprète des rêves, Ounamon...

– Celui que tu appelles Ounamon est en réalité Djedi, un voleur et un assassin, recherché par la police ! précisa Tod. Hori l'a reconnu...

– Cela ne m'étonne pas... Il y a plusieurs mois de cela, cet homme s'est présenté à mon père. Il a choisi de le faire travailler pour le temple, car sa science est grande. Mais un jour, il a demandé à me voir.

Néférou ferma les yeux, puis elle se domina :

– Vous devez savoir que je suis veuve, et que j'ai un enfant, une fille, élevée par une nourrice, dans le delta. Ounamon m'a appris qu'il l'avait enlevée, et m'a menacée de la tuer si je ne faisais pas ce qu'il désirait.

– Quoi ? tonna Penpato.

– Oui, son plan était diabolique : il me rendrait ma fille à condition que je lui donne ce qu'il voulait, des céréales, du miel, des bijoux… J'ai d'abord cru qu'il perdait l'esprit, mais hélas il disait vrai. J'ai envoyé tout de suite un fidèle serviteur dans mon domaine du delta, et il m'a rapporté l'horrible nouvelle : mon enfant et sa nourrice venaient d'être enlevées lors d'une attaque de pirates ! Ce bandit est leur chef… J'ai cru devenir folle, mais je me suis ressaisie. J'ai réussi à cacher ce malheur à mon père, et j'ai fait ce qu'exigeait ce criminel ; c'était la seule chance que j'avais de revoir ma fille. Ounamon m'avait juré qu'elle me serait rendue lors de la fête de Bastet…

– Le misérable ! grinça Tod.

– Pour le satisfaire, j'ai pris tous les risques. J'ai fait une copie du sceau de mon père pour entrer à ma guise dans la salle du trésor, j'y suis même allée le matin de votre arrivée ! Ounamon m'avait demandé de voler les coupes et la statue de Bastet, je l'ai fait, sinon cet homme était capable de ne pas me rendre ma fille !

– Pashed était ton complice ? questionna Tod.

– Non ! cria la prêtresse. Quand vous avez découvert les vols, j'ai eu peur… Qu'allait-il se passer si j'étais arrêtée, que ferait ce bandit ? J'ai honte, mais j'ai eu cette idée méprisable, j'ai songé qu'il *fallait* un autre coupable, et j'ai caché une coupe chez Pashed. Je vous promets que je voulais tout avouer, après avoir retrouvé ma fille ! Je le jure devant Bastet ! Jamais je n'aurai laissé Pashed en prison.

– Tod, fit Penpato, il faut tout de suite libérer Yénen et Pashed, et amener le prêtre ici !

Le *medjay* sortit et interpella un garde qui était à portée de voix.

– Et la disparition de Miou ? poursuivit Penpato.

– C'est Ounamon qui a exigé que je m'en occupe. Il disait que ça vous empêcherait de continuer l'enquête !

– Comment as-tu fait pour l'enlever ?

– À la nuit tombée, je suis allée dans la maison des Chats, dans la chambre de Miou. Je lui ai mis une laisse, mais elle n'a pas voulu me suivre. J'ai dû l'enrouler dans un tapis…

– Et elle t'a griffée, termina Tod. Hori, tu t'en doutais, n'est-ce pas ?

– Oui. Je me suis souvenu du châle que Néférou portait depuis ce matin et j'ai compris : ce n'était pas Miou qui était blessée, mais celle qui l'avait enlevée ! Alors je suis venu ici, j'ai fait exprès de tomber et d'emporter dans ma chute le châle de Néférou.

La prêtresse se tordait les mains, désespérée.

– Je t'en supplie, Penpato, retrouve mon enfant ! Et épargne mon père ! Même si je suis coupable, il n'est qu'un vieillard fragile, et il ne supportera pas de me savoir en prison !

– Ne t'inquiète pas pour Mérybastet, Néférou… Je m'occuperai de lui.

Néférou se retourna.

– Pashed !

Le gardien des chats venait d'entrer, il semblait triste et épuisé. Tod l'observa quelques instants.

– Tu savais que Néférou était la voleuse, n'est-ce pas ?

– Je l'ai vue le matin du jour où vous êtes arrivés. Elle est entrée dans la salle du trésor et en est sortie avec un grand panier sous le bras. Sur le moment, je n'y ai pas prêté attention… Mais quand j'ai appris que des objets manquaient, j'ai pensé à ce que j'avais vu le matin. Je ne comprenais pas : quand Néférou est entrée dans la salle du trésor, Mérybastet était en train de faire les prières du matin, avec la bague portant le sceau à son doigt ! Comment était-ce possible ? L'autre soir, je me suis décidé à demander des explications à Néférou. Lorsque je me levais pour aller la voir, j'ai découvert la disparition de Miou.

– Tu ne nous as pas parlé de ça ? lui reprocha Penpato. Ça t'aurait évité d'être arrêté !

Pashed sourit :

– J'ai depuis toujours beaucoup de tendresse pour Néférou. Je n'ai pas voulu lui causer du tort, même si elle a cherché à m'accuser.

La jeune prêtresse se cacha le visage dans les mains.

– Je suis désolée, Pashed…

Penpato se tourna vers Tod :

– Bon, tu sais ce qui nous reste à faire maintenant ? Trouver Djedi, récupérer l'enfant et mettre la main sur son butin !

CHAPITRE XV

Arrêter Djedi... facile à dire !

Néférou ne savait pas grand-chose de celui qui avait été interprète des rêves. Une ou deux fois par semaine, il se rendait au temple pour révéler à Mérybastet et aux autres prêtres le sens caché de leurs songes. Mais elle ne savait même pas où il logeait ni qui il pouvait fréquenter. Elle avait compris qu'il faisait appel aux services d'un homme qui possédait des navires, c'est tout ce qu'elle pouvait dire.

C'est là que Tod et les garçons purent intervenir : Hori et Ahmosé retrouvèrent sans difficulté la maison qu'ils avaient repérée en suivant l'homme de la taverne. Tod, avec l'aide de Kenro, le chef de la police, fit interroger son propriétaire, Toutou. Le petit homme paniqua et révéla tout ce qu'il savait sans se faire prier : sa complicité avec Djedi, les trafics d'objets volés qu'il menait à bien grâce à ses bateaux de commerce. La police put récupérer une partie du butin, qui n'avait pas encore été vendue, et surtout retrouver la petite fille, retenue prisonnière avec sa nourrice, dans une maison proche de Bubastis. C'était le propre frère de Toutou qui les surveillait. Quant à Djedi, il demeurait insaisissable.

Cette affaire avait bouleversé toute l'organisation du temple de Bastet. Le vieux Mérybastet était alité et son esprit s'égarait de plus en plus souvent. Pashed avait pris en main l'essentiel : le culte de la déesse se poursuivait, assurant la présence protectrice de l'esprit divin sur la ville de Bubastis. Le chat sacré avait repris sa place. Mais l'école de danse, en attendant que Néférou soit jugée, avait suspendu ses cours. Aussi Tamit n'avait eu aucun mal à obtenir une journée de congé. Hori, Ahmosé et elle s'offrirent un jour de détente dans la demeure de Kès.

– J'ai de la peine pour Néférou, dit Tamit. Je l'aime bien, c'est horrible ce qui lui est arrivé. C'est presque injuste qu'elle soit jugée !

– Pourtant on ne peut pas l'éviter, soupira Hori, étant donné ce qu'elle a fait. Mais Tod est sûr que le tribunal se montrera indulgent, elle sera donc sûrement pardonnée. Néférou a été manipulée par Djedi !

– D'ailleurs, ajouta Ahmosé, nous ferons un rapport à Ani pour lui expliquer tout ça ! Ah, Hori, promets-moi quelque chose ! C'est très important !

– Quoi ? fit le garçon, étonné par l'air solennel de son ami.

– Laisse-moi écrire le rapport, par pitié ! Si le vizir voit ton écriture, Néférou risque de finir ses jours en prison !

Hori haussa les épaules tandis que Tamit éclatait de rire.

– Je te laisse bien volontiers cette corvée !

– Tu crois que notre mission est terminée ? demanda Ahmosé. Je commence à me plaire, ici…

Assis près d'un bassin, le jeune garçon trempait sa main dans l'eau tiède. Près de lui, un plateau de gâteaux, sérieusement entamé, n'attendait que son bon plaisir.

– On dirait que les moustiques ne te gênent plus, ironisa Hori.

– Ah, ça… se plaignit Ahmosé. C'est l'un des inconvénients de cette ville, je l'admets.

– Cette villa est splendide…, murmura Tamit en regardant autour d'elle.

Les jardins de la maison de Kès étaient une merveille ; autour du bassin, prévu pour se délasser, poussaient des tamaris et des figuiers. Des roses trémières, des ancolies et des coquelicots ponctuaient le décor de touches colorées. Et des pieds de jasmin apportaient leur parfum…

– … Oui, approuva Ahmosé. Ma mère en serait jalouse : elle adore les jardins.

– Crois-tu qu'ils vont réussir à arrêter Djedi ? interrogea Tamit.

– Je ne sais pas, répondit Hori. C'est un homme sans scrupule, il se débrouille toujours pour que les autres paient à sa place !

– Tod est furieux, tu sais, intervint Ahmosé. Il a juré de lui mettre la main dessus un jour ou l'autre. C'était la première fois que je le voyais en colère !

Un horrible vacarme interrompit la discussion : le chat de la maison avait surpris Didi qui jetait des cailloux dans un bassin et les deux animaux, furieux, se poursuivaient à travers le jardin. Didi finit par se réfugier en haut d'un sycomore : perché sur une branche, il se mit à narguer le chat en criant et en se tapant sur les cuisses. Tamit se leva, très en colère :

– Didi ! Arrête ! Calme-toi tout de suite !

– Tu n'y peux rien, il ne supporte pas les chats ! sourit Hori. C'est l'instinct…

– Décidément, je pense qu'il est temps pour nous de quitter Bubastis, conclut Ahmosé, découragé.

– J'espère que vous resterez ici jusqu'à la fête de Bastet ? s'inquiéta Tamit. J'ai le trac et j'aimerais que vous soyez là…

Penpato, qui avait pu reconnaître les qualités de ses deux apprentis, ne vit aucune objection à ce qu'ils assistent à la grande fête de Bastet : c'était un jour exceptionnel, et des gens venaient de toute l'Égypte pour y participer.

En l'absence de Mérybastet, Pashed présida les festivités : après le culte du matin, la statue de la déesse fut sortie de sa petite chapelle, et placée sur la grande barque sacrée de bois doré. Portée sur les épaules de prêtres, escortée de chants et parfumée d'encens, la barque fut amenée jusqu'au débarcadère du temple. Là, l'attendait la foule : c'était seulement à cette occasion que les fidèles pouvaient apercevoir la statue de la déesse. Miou, bien sûr, participait à la fête : elle trônait sur une estrade, décorée de somptueux bouquets. Les prêtres posèrent la barque sacrée sur un bateau, avec mille précautions.

La déesse n'entama pas encore sa longue procession à travers la ville. L'une après l'autre, les danseuses et les musiciennes arrivèrent au son de la flûte. Tamit était maquillée pour ressembler à une chatte, ses yeux verts étaient soulignés d'un long trait de kohol[1] et sur sa coiffure tressée était posé un petit diadème avec une tête de chat de métal doré. Les musiciennes se mirent à jouer, accompagnées par une chanteuse ; certaines agitaient des sistres décorés de figures de chats : ces instruments, réservés à la musique sacrée, faisaient un bruit métallique. Au milieu des danseuses, une femme portait un masque de chatte qui lui cachait totalement le visage : Hori pensa

1 Poudre de maquillage pour les yeux.

qu'elle représentait la déesse. La danse commença ; les jeunes filles exécutaient toutes sortes de figures acrobatiques.

– Je trouve que Tamit se débrouille très bien, murmura Ahmosé à l'oreille d'Hori.

À la fin du spectacle, la foule observait un silence religieux. Puis les danseuses s'éloignèrent, le bateau transportant la barque sacrée fut mis en mouvement, et l'ambiance changea. Les Bubastites marchaient le long de la berge en parlant avec animation. Tant que la barque de la déesse parcourait la cité, les fidèles conservaient une attitude digne, ou à peu près. Mais dès que Bastet eut regagné le temple, la fête prit une allure fort différente : les cruches de vin sortaient des paniers, et les chansons que l'on criait à pleine voix n'avaient plus rien de religieux ! Dans toute la ville, des spectacles attendaient les pèlerins, de la nourriture et du vin étaient largement distribués au fur et à mesure que les gosiers s'asséchaient.

Hori et Ahmosé passèrent une bonne

partie de la journée à s'amuser et à participer aux réjouissances. À la fin de l'après-midi, ils retrouvèrent Tamit, comme convenu, près du domaine de Bastet. La jeune fille était épuisée mais radieuse.

– Ça y est, c'est fini ! J'ai l'impression d'être légère !

– Tu as très bien dansé ! la félicita Ahmosé. N'est-ce pas ton avis, Hori ?

– Oui, tu as été formidable ! Tu as fait beaucoup de progrès depuis que tu as commencé à étudier la danse.

Le jeune scribe sortit de son sac de cuir un rouleau de papyrus.

– J'ai une grande nouvelle à t'apprendre, Ahmosé : Ani a écrit à Penpato pour lui demander, de la part du vizir, de poursuivre l'inspection des temples du delta.

– Avec nous ?

– Sans nous ! Compte tenu de ce qui a été découvert à Bubastis, Ani va envoyer à Penpato trois scribes expérimentés pour l'assister dans son travail !

Tamit haussa les sourcils, perplexe :

– Je me demande si vous devez être soulagés ou vexés…

– Je trouve ça plutôt vexant, après tout le mal que nous nous sommes donné ici ! Mais dis-moi, Hori, comment se fait-il que ce soit toi qui lises la lettre adressée à Penpato ?

Hori brandit le document sous le nez de son ami.

– Ceci n'est pas la lettre pour Penpato, regarde plutôt ! Compte tenu des services rendus, Ani nous offre trois semaines de vacances ! Et demain, nous partons tous les trois pour Thèbes !

– Tous les quatre ! fit Ahmosé en caressant Didi. Tu n'as aucune envie de rester dans la cité des chats, pas vrai ?

Pour toute réponse, l'animal cracha avec dégoût.

– J'aimerais aller dire au revoir à Miou, dit Tamit. Ça m'étonnerait que je puisse voir Pashed, il doit être très occupé par ses nouvelles fonctions…

– On vient avec toi.

Après le départ de la barque sacrée, Pashed avait rendu sa liberté à Miou. Tamit savait où la trouver : dans les jardins du temple. Le chat sacré, joueur comme tous ceux de sa race, était tapi derrière une statue, près à bondir sur un oiseau qui picorait le sol.

– Miou, appela Tamit.

Le chat se figea et la fixa de ses yeux dorés. Hori aurait pu jurer qu'il avait oublié l'oiseau et qu'il écoutait Tamit.

– Nous partons demain, Miou. Je ne t'oublierai jamais, tu sais…

– Moi non plus. Merci, Miou, ajouta Hori en s'inclinant.

– C'est bien !

Tamit se retourna :

– Pashed !

– Tu as fait des progrès depuis le premier jour que je t'ai vue, la complimenta le prêtre. Et vous aussi, jeunes gens.

– Nous partons demain, balbutia Tamit, la gorge serrée. Je voudrais te remercier…

– Me remercier ? s'étonna le prêtre. Mais c'est moi qui te dis merci, et pas seulement moi ! Toute la ville vous doit des remerciements, et Miou également. Je tiens à vous remettre à tous les trois ceci, en souvenir.

Pashed leur tendit à chacun un pendentif : une petite chatte de bronze aux yeux en pâte de verre.

– C'est magnifique ! murmura Hori.

– Ce n'est rien... Votre destin n'est pas ici, je le sais. Hori, fit le prêtre en posant la main sur l'épaule du garçon, que la déesse Maât te protège dans ta mission. Je sens en toi l'amour de la justice. Le prêtre s'éloigna, laissant les trois amis sous le coup d'une étrange émotion. Ahmosé fut le premier à s'en dégager :

– Venez, il est temps pour nous de quitter la ville des chats.

Note de l'auteur

Sous le règne de Ramsès III, il y a bien eu une grande inspection des temples, menée par Penpato, chef des archivistes du Trésor royal. La vérité s'arrête là : tout le reste du roman est sorti de mon imagination. Quant au culte de la déesse Bastet, nul ne sait exactement comment il se déroulait à l'époque et on ignore s'il y avait un chat sacré. En revanche, deux cents ans plus tard, les Égyptiens de Bubastis se sont mis à momifier des chats, qui étaient devenus des animaux sacrés. À tel point que celui qui en tuait un, même par accident, encourait la peine de mort !

LE PANTHÉON DES DIEUX

BASTET : forme bienveillante de la déesse lionne Sekhmet, déesse chatte protectrice du foyer, elle est particulièrement vénérée à Bubastis.

BÈS : dieu qui chasse les mauvais esprits, protecteur de la maison et du sommeil, il apporte aussi la bonne humeur. Bès est représenté par un nain barbu et grimaçant qui tire la langue.

MAÂT : fille du dieu Rê, elle incarne l'équilibre cosmique, la justice, la vérité et l'ordre. Elle est coiffée d'une plume d'autruche.

SEKHMET : déesse à tête de lionne et au corps de femme. Elle est dangereuse et a le pouvoir de propager la maladie.

Découvre d'autres aventures d'Hori et ses amis dans :

Le scarabée du cœur

Décidément, la vie d'apprenti scribe n'est pas drôle tous les jours. Hori et son nouvel ami Ahmosé s'en rendent vite compte et, à la première occasion, ils s'échappent pour aller visiter les magnifiques temples de Thèbes. Quand ils rencontrent la jeune Tamit et apprennent son secret, c'est le début d'une enquête palpitante et pleine de rebondissement dans le monde des pilleurs de tombes…

La conspiration du harem

Les deux jeunes apprentis scribes Hori et Ahmosé débutent leur stage à la Haute Cour de justice. Sous l'œil sévère de May, le responsable des archives, ils se retrouvent à copier et classer les plaintes déposées au tribunal. Un jour, une jeune femme, bouleversée, donne à Hori une plaquette sur laquelle est gravé un mystérieux message : « Il faut protéger le prince Ramsès. Ses jours sont en grand danger. Dans le harem, on lui veut du mal et on prépare sa mort… ». Aidés par Tamit, les deux amis ne reculeront devant rien pour déjouer le complot qui se trame.

Direction éditoriale : Christophe Savouré
Édition : Françoise Ancey
Direction artistique : Armelle Riva et Laurent Quellet

Composition : Express Compo
Achevé d'imprimer en septembre 2005
Imprimé en Italie par Legoprint
Dépôt légal: octobre 2005
ISBN : 2 215 05332.1
1re édition – n° 93707

Loi n° 49-956 du 16 juillet 1949 sur les publications destinées à la jeunesse.

15/27, rue Moussorgski
75895 Paris Cedex 18